目次

第1章　二〇世紀前半における資本主義、国家および社会

――フランスにおける国家の三つの主要な特徴――

廣田　功訳

はじめに

歴史家はしばしば社会科学の他の専門家にみならうものであるが、彼らの間では、ほぼ二〇年前から、二〇世紀全体にわたるフランス資本主義の成績の評価に際し、「国家の過大な活動」について論じることは、好意的に見られている[1]。ジャン・ブーヴィエは、フランスにおいて民営化の最初の大波が押し寄せていた頃（一九八六年）に書いた晩年の論文の中で、次のように指摘している。「国家の活動は、経済と社会に関して、一度も軽かったことはなく、常に重い存在であった。そしてとりわけ、国家は一貫して重すぎる存在と感じられ、非難されてきた。肥大化した国家を攻撃の標的とする自由主義の言葉と、長い間変わることなく繰り返されてきたそのような議論ほど、ずっと昔から受け継がれてきたものはない[2]」。「国家の過大な活動」に関する言説とその波紋は、一部の人の指摘にもかかわらず、明らかにまったく新しいことではない。とはいえ、国家の位置と活動は、資本主義の主要なアクターとメカニズムの推進力を常に妨げただろうか。それとも逆に、それは全体として、社会経済的力学に寄与したのだろうか。さらにジャン・ブーヴィエは、自分

の記念論文集に関するコメントの中で、「それは時と場合による」、と答えている。(3)

二〇世紀前半のフランス資本主義の発展における国家の活動の特徴を評価することを試みることによって、われわれは――出来ることなら国家の活動をめぐる賛成派と反対派の間の宗教戦争から離れて――言葉の良い意味で慎重なこのブーヴィエの指摘を敷衍してみたい。

まず、たとえばしばらく前にいくつかの重要な著作が扱った公的支出の対GNP比率といった単一の指標は、いかに良く出来ていたとしても、それだけでは満足できるものではないことに注意しよう。(4) これらの研究は、二度の世界大戦ののち（残念ながら戦時期自体は扱われていない）、上昇方向でこの比率に重要な断絶が生じたこと、さらにとりわけ第二次大戦後の目覚しい上昇の際には、量的な上昇に社会経済的支出の増大という明白な質的転換がともなっていたことを明確にしている。

二〇世紀を対象とするこのアプローチは、さらに連続する二度の世界大戦の過程に、自由主義国家から新自由主義的な干渉国家への移行を見るリチャード・キュイゼルの総括を支持している。(5) もっともこれは、西欧の工業化された資本主義国にかなり一般的な一種のプロセスと見なされよう。これらの国々では、第二次大戦後、程度の差はあるが、国有セクターによって特徴づけられる「混合経済」とともに、景気循環に対する働きかけと社会的妥協のための国家介入政策という重要な特質の出現が見られる。(6)

にもかかわらず、これらの分析はほとんど疑問の余地がない現実を確認するとはいえ、フランスの場合、二重の意味で単純すぎるように見える。

第一に、一九四五年の断絶は、表面的に見えるほど明白ではない。政治史家たちは、この問題について、とりわけ一九四四～四五年の明白な社会的政治的な断絶を越えて、フランスにおける国家の活動の連続性について、われわれに注意を促した。(7) それでは断絶なのか、それとも連続なのか。それはわれわれが国家について語ることによって異なる。「それは時と場合による」。われわれは一九三一～五二年の期間だけを対象とした以前の研究において、国家について、社会と経済に関する新しい実践と、相対的にほとんど変化しない機構およびスタッフの間の結びつきを明らかにしようと試みた。このようにしてわれわれは、この過程を「改宗」という言葉によって特徴づけることが出来ると考えた。(8)

第二の留保すべき点は、ヨーロッパ内部の収斂に関することである。フランスが、要するに、ヨーロッパ的な基準に合流したにすぎず、歴史的伝統に遡る分野を使ってむしろ独自の道をたどったわけではない、と言えるかどうかはたしかなことではない。

これらの仮説をもっとはっきりさせるために、国家の活動を脱グローバル化させることによって、これらの分析を発展させることを提案しよう。われわれは、それぞれ特殊な進化を経験し、特別の検討に値する国家の三つの主要な姿を区別しよう。まず、政府財政の全般的な均衡を任務とする金融業者としての国家 l'Etat financier である。次いで、社会集団間の社会的均衡あるいはセクター間、諸部門間の経済的均衡に対処する調停人としての国家 l'Etat arbitre である。最後に、企業を通じて具体的な経済活動の排他的な当事者、あるいはパートナーとして活動するアクターとしての国家 l'Etat acteur である。

これらの国家の姿はそれぞれ、その行政機構、さらにスタッフや特有の慣行を保持している。さらにそれらはそれぞれ、明確にすべきさまざまな時間性、すなわち一世紀に及ぶ長期の変化、中期の期間、とくに経済的弱体化をともなった不況と戦争の段階（一九三一～四五年）、さらに短期の政治的社会的ショック（一九三六～四〇年、一九四〇～四四年、一九四四～四七年）の期間という三重の時間性によって、形は違いながらも等しく特徴づけられている。

第一次大戦から一九三六年までの期間、次いで一九三六年、一九四〇年、一九四四～四七年によって区切られるそれぞれの一連の期間について、順次検討することとしよう。

1　第一次大戦から一九三〇年代不況まで

第一次大戦および、周知のように、借入れとインフレ（フランス銀行前貸し）を重視したその戦費調達方式は、長期にわたって財政の全体的均衡と、したがってフランの国内的、対外的安定とを疑問の余地なく破壊することになったが、同時代の人々は、このことに気がつかず、一九一八年以後もなお長い間、この例外的な期間を終わらせ、財政と通貨が安定していた一九一四年以前の幸福な時代を回復させることを望んでいた(9)。

大戦の衝撃を消すには、一九二六年、さらにはポワンカレによる「(法律上の）安定化」（これは切下げという表現を避けるための婉曲な言い回しである）が行われる一九二八年を待たねばならない。これによってフランは、金と商品に対して、五分の四だけ減価した。しかし財政健全化と、減債金庫の復活にもとづいた公債の償還ののちにも、一時的な（一九二七～三〇年）財政余剰の出現は、財源と支出のいずれについても、結果的に軽量な国家に復帰することを意味しない。財源の点では、戦時、とくに一九一四～一七年の時期は、累進所得税の制度化への長期的な歩みの最終局面となった。支出については、財政のゆとりの回復は、住宅（サローとルシュールの法律）と社会保険（一九二八～三〇年の法律）の新しい政策の採用を奨励した[10]。これらは新しい社会的支出の好例である。レイモン・ポワンカレが、財政と通貨の正統のシンボルでありながら（あるいはそれ故にか）、否応なく、革新に駆り立てられていたことは、すでに知られている[11]。

三〇年代の不況は、最初の頃（一九三五年まで）、一九三一年から再び現れた財政赤字の吸収の必要を通じて感じられ、そのために当初は軽微で、その後一九三四～三五年に激しくなる支出の「デフレーション」政策が強制される。この場合、より広く、景気回復を助けるために、金融市場と利子率に対する国家の金融的な圧迫を軽くすることが問題となる。しかしこのような政策は、同時に行われた保護主義的な措置や、さらに苦境に陥った一部企業の救済はもとより、農業生産・農産物価格や地方団体の失業基金に対する支援政策とも衝突する。しかも一九三四年以後になると、資本移動の自由が維持されていたために、この政策は、周期的に割引率の引上げによって金の流出から通貨を防衛することが必要になることとも対立する。

財政の方向は、言葉の上では依然として自由主義的であるが、実際の政策は、社会的な圧力に翻弄されて、援助と保護を要求しやすい社会集団ないし企業を場当たり的に支持するようになる。さらに矛盾をともないながらも、デフレ政策は、ピエール・ラヴァルに賃貸料、パン価格、公共料金（ガス・電気）を権威的に引き下げることを決断させるに至った。[12] 結局、もはや主義の問題ではない。財務省資金局長、ヴィルフリット・ボーンガルトネルは、一九三六年総選挙の直前、デフレーションが「政治的限界に達した」ことを良く認識していた。[13] 公的な金融機関にいる人々から見ても、正統的な処方箋は、もはや時代が要求する課題に見合ってはいない。

また第一次大戦は、一九一九年にすぐに挫折してしまうエチエンヌ・クレマンテルの産業組織化の夢は言うまでもなく、とりわけ労使対等の社会紛争調停委員会の設置、あるいはさらに一九一九年の団体協約法の採択によって、調停者としての国家の役割を大いに強める。しかし社会集団間あるいはセクター間の調停のためのあらゆる介入について、この場合には後退がより明白である。労使対等委員会は終戦とともに消え、団体協約法は、義務づけを考えなかったために、一九二〇年代に調印された協約数の規則的な減少を食い止めることが出来ない。不況の時でも、強制アンタントに関する法律は、一九三五年、上院において挫折する。他方、国家によって行われた調停の前進については、逆説的ではあるが、主要な社会的勢力の代表制の改革だけが残った。一九一九年にはフランス生産総同盟CGPFが創設され、労働総同盟CGTは肯定的に評価された戦時中の「国家への進出」の実験にたいする支持を続ける。さらにCGTは、三者（国家、従業員、ユーザー）の管理による「産業化された国有化」を考えるに至るが、これは一九三〇年代のプラニスト（計画論者）の構想を予示するものとなる。またこうした活動の遅ればせの影響として、主要な社会的勢力の代表が協議する場である国民経済審議会CNEの創設（一九二五年）を引用することが出来よう。しばしば審議会をリードする国務院のメンバーである法律家の間で、経済的・社会的調査の新しい慣行や社会的協議に関する新しい考え方が生まれる。その中の一人であるピエール・ラロックは、一九三四年の報告において、（第一次大戦直後に見られた）「団体協約のモラル」に戻ることを勧める。

アクターとしての国家について言えば、第一次大戦の結果として、それは明白に拡大した。伝統的な三つの分野（エネルギー、交通、兵器）においては、国家は、昔から、理工科学校、鉱山学校、土木学校出身の技師を通じて、私企業にたいして監督を行ない、あるいは一般利害の名において介入していた。戦後、多くの場合、公共サーヴィスを保障する公共団体として、国家が市町村と交代するようになる。これは電力についても当てはまり、そこでは国家が水力の開発（一九一九年法）あるいは高圧送電網（一九二二年七月法）を独占する。(15) また、戦争は石油製品に関するフランスの対外依存を自覚させる。イラク石油会社への出資は、フランス石油会社設立とともに、国有石油セクターを形成させ、さらに一九二八年法によってフランスの精油会社に原油の一部を確保する機会を提供する。ドイツに対する戦勝によって、あらかじめ本当の計画がない段階で、国家がアルザス・カリ鉱山と窒素公社ＯＮＩＡを掌握する可能性を与えられた。

一九三〇年代の不況は、とくに交通部門の企業に打撃を与えた結果、少数株の保有（国家が株式の二五％を保有したエール・フランス社の場合）もしくは多数株の保有（国際寝台車会社と大西洋横断汽船、さらに国家との協定の解消を望んだ民間会社との非常に長い交渉ののち、一九三七年にフランス国有鉄道SNCFの創設が決定される鉄道の場合）による資本参加によって、国家が企業の救済に乗り出すように駆り立てる。

このようにして国家によって直接管理されるセクターは、伝統的な介入領域を起点としてたしかに拡大したが、それは練り上げられた計画によるというよりも、偶然的な状況による圧力の所産であった。とはいえ、それはこれらの活動について長い経験を有する国家技師の影響力のおかげで、初めて可能になったものである。

2　不況、占領、戦後復興（一九三六〜五〇年）
――国家の特徴と長期停滞からの脱出――

金融業者としての国家――機構とスタッフの新しい慣行への転換――

人民戦線の勝利（一九三六年）以後、社会党首班の政府は、需要、とりわけ給与生活者と農民の消費を支持する政策を行う。しかし財務省があらゆる土木事業政策に躊躇する態度を示し、しかも再軍備のための資金調達が財政手段を制限し、また資本流出がそれに拍車をかけているだけに、企業にたいし直接・間接の賃金の引上げをするように法律によって促すことが問題となる。(16) 経済、財政、通貨にかかわる国家機構のいくつかの革新（統計機関の改革、国家取引金庫の設立、フランス銀行の改革）は、政治、財政、通貨の不安定が原因となって、（小麦局を例外として）完全な力を発揮することができなかった。

対独戦とその敗北、休戦、ドイツによる占領によって、フランスは第三帝国の戦争努力に奉仕するよう、ますます多くの資金と物資の先取にさらされ、不足経済を押しつけられる。ドイツ軍の監督のもとで、物価、所得、生産量の配分を管理する統制機構が設置される。(17) 財務省の上級官僚は、自由主義的な教えを受けて養成されたが、にもかかわらず物価と所得を圧縮する耐乏政策を行い、さらに「資金回路の政策」〔1〕をとることによって、フランス銀行貸上げと短期債の発行を通じて大量に調達された「占領費」の規模（一九四〇～四四年の間に六〇〇〇億フラン以上に達した）の結果不可避となったインフレの影響を制限することを余儀なくされる。しかし将来の復興の必要に関して、とりわけ中期金融の改革に関して、新たな反省が行われる。一九四〇年の敗北という国民的惨事を長引かせかねない投資の縮小と生産機構の老朽化を前にして、インフレーションは、もはや単なる絶対悪とは見なされなくなる。

国土解放《リベラシオン》の時期、左翼の政治的社会的高揚と右翼および雇用主層の相対的不人気という全般的な背景のもとで、国家は、財政、生産、労働力のいずれについても、資源欠乏の制約条件にさらされた経済を回復させるために、ひき続き統制機構を活用する。

社会の期待を圧力として、金融財政の慣行は、三つの領域において変化を示す。低金利政策によって、通貨と公債は経済復興上のさまざまな必要のために部分的に犠牲にされる。一九四六年一一月に確定された第一次近代化設備計画（モネ・プラン）の優先目標を達成するために、公共投資と民間投資のための大規模な政府金融機構が、財務省国庫局（一九四七年の近代化設備基金の設立）と一九四五年に国有化されたフランス銀行（中期金融の手続きの確立）において徐々に形成される。中期経済計画にともなって、改革された統計機構と国民経済計算を構築するという配慮が、財務省において支持されるようになる。(18)

とはいえ以下の三系列の要素は、第二次大戦による断絶という印象を弱める。

第一に、公的な金融機構が、計画された復興のために完全な力を発揮するようになるのは、一九四五年ではなく、一九四八年のことである。この間、金融的革新の過程は、冷戦勃発後のアメリカのマーシャル・プラン援助と共産党（解放後非常に強化されていた）の孤立、さらに穏健派の政権参加（キリスト教民主主義者のロベール・シューマンとジョルジュ・ビドー、急進主義者のルネ・マイエルとアンリ・クイユ、独立派のモーリス・ペッチュ）に支えられており、それだけに受け入れられやすいものとなる。

さらに金融機構の機構とスタッフは、結局、ごくわずかしか変更されなかった。一九四五年に一時的に伝統的な行政の外側に設置された計画庁を別として、新しい金融機関（近代化設備基金、投資委員会）や経済分析機関（経済金融研究部SEEF、国立統計経済研究所INSEE）は、ほとんど改変されない財務省、とくにその国庫局に接木される。一九四五～四六年にピエール・マンデス・フランス、次いで計画主義者の上級官僚によって行われた国民経済省新設の試みは、一九四八年に突如終わりを告げる。この時、真の国家指導主義者《ディリジスト》は排除される。ヴィシー体制と妥協したために排除される若干の上層部指導者（ボワサンジェル、ドロワ、リペール）とレジスタンスへの明確な参加を示した若干の人物に有利な例外的で象徴的な昇進（ブロック・レネ、ゲッツ、ギャンディー）を除けば、財務省と商工省の上級官僚の大部分は残留した。このようにして古いスタッフ（ボームガルトゥネール、ブリュネ）と若干の新しいスタッフの間の融合が実現される。彼らは全員、財務省財務監察部の出身であり、彼らのおかげでこの監査部はその知的・道徳的ヘゲモニーを守ることに成功する。結局、彼らは、自由主義的な教えを受けて養成されながら、時代の要請から投資金融と「管理通貨」のための活発な財政金融政策の新たな慣行と妥協するのである。しかし彼らは、この場合、真の金融市場、対外支払いの均衡、健全な通貨が回復するまでの期間、物資欠乏状況に起因する一時的な対応が問題であると考えている。

第三に、アクターとしての国家も、一九四四〜四八年に銀行と産業の巨大な国有セクターの創出によって、追加的な一段階を踏み出す。伝統的な介入分野（エネルギー、交通、兵器）の主要部分において、今後、国家が活動の全体を保持する（エネルギーの場合のフランス石炭、フランス電力、フランス・ガス、空運の場合のエール・フランス）。国有化は、三つの型の時間性を接合することを可能にした。すなわち国家技師による公共サーヴィス部門の監督の慣行という長期の時間、一九三六年以来これらの「基礎的セクター」の近代化計画を作成することを可能にした中期の時間、レジスタンス綱領の周りに築かれた社会的政治的な国民的コンセンサスという短期の時間（一九四四〜四七年）の三つの時間性である。付言すれば、戦後フランスの国有化は、イギリスのような他の国とは違って、ドゴール将軍から共産党に至るまで、すべての政治的社会的勢力の支持という正当性を得ている。一九四五年以後、政治的変動や景況の如何にかかわらず、国有化が一九八二〜八六年以前には決して公然と非難されなかったことは、このことに大いに起因している。

最後に、最大の失望を被るのは調停者としての国家である。一九三六〜三八年のインフレと社会的緊張によってもたらされた和解調停手続きの失敗、次いでヴィシー体制とともに消滅する労働憲章の行き詰まりののち、一九五〇年、賃金の決定が再び自由化される時、（人民戦線によって始められた）団体協約を普及させる中央集権的な手続きは流産する。これはもう一つのフランス的な特殊性を示している。すなわちCGTおよび強力な共産党の突然の転換とともに、主導的な労働組合運動は、一九四七年から社会的妥協の政策を完全に放棄する。とはいえ一九四六年に国家の調停によって成立したモネ・プランは、なお揺るぎないコンセンサスを享受している。そして国有企業の中では、一九四七年以後も、CGTは国家の補助金による発展政策を支持している。その理由は、CGTが国有企業において大規模な社会事業分野をコントロールしており、合法的な組合の強力な影響力に基盤をおくことが出来るからである。

結局、大半が国有セクターと並存する「基礎的セクター」（エネルギー、鉄鋼、交通、セメント、農業機械）を中心に国家によって強力に枠づけられたこの復興さえ、悪影響をおよぼし、一部の有益なセクター（住宅、道路、電気通信）を犠牲にしたが、当面は、誰も当時なされた選択を決して非難しない。限られた物的、金融的資源に直面する時、最悪のことは、マクロ経済的な優先目標を確定せず、必要な調停に取りかからないことであろう。この意味では、国家は、そのスタッフの好みやその機構の伝統はどうあれ、自由主義の原則から離れて、その役割を全うしたのである。

マルク・ブロック以来よく知られているように、歴史学は、現在の疑問によって過去を問うものである。この偉大な中世史家は、歴史家によって提起された疑問についてこのように語るとしても、にもかかわらず、彼は見出される答えが必ず時流に合致するはずであると主張することを望まなかった。つまり「答えは時と場合によるのである」。

注

（1）　Michel Crozier, *Etat modeste, Etat moderne: Stratégie pour un autre changement*, Paris, Fayard, 1987, réedit. Seuil 1991; Jean-Claude Casanova, Maurice Lévy-Leboyer (dir.), *Entre l'Etat et le marché*, Paris, 1991 参照。

（2）　Jean Bouvier, «Le capitalisme et l'Etat en France», *Recherches et Travaux*, IHES, Université de Paris 1, Bulletin, No. 15, décembre 1986 参照。

（3）　Patrick Fridenson, André Straus (dir.), *Le capitalisme français, XIX-XXèmes siècles, Blocages et dynamisme d'une croissance*, Paris, 1987 参照。

（4）　もっとも重要な業績の中から、以下のものを挙げておこう。Louis Fontvieille, «Evolution et croissance de l'Etat français de 1815 à 1969, *Cahiers de l'IMSEA*, Série AF, No. 13, juillet-décembre 1976; Robert Delorme, Christine André, *L'Etat et l'économie, Une essai d'explication de l'évolution des depénses publiques en France, 1870-1980*, Paris, 1983.

（5）　近年、社会経済問題をはみ出し、豊富な参考文献を含んだ数多くの総括の著作が公刊された。もっとも著名なものの中から、以下の著作を挙げておこう。André Burguière et Jacques Revel (dir.), *Histoire de la France*, premier volume, *L'Etat et les pouvoirs*, dirigé par Jacques Le Goff; deuxième volume, *L'Etat et les conflits*, dirigé par Jacques Julliard, Editions du Seuil, Paris, 1989; Pierre Rosanvallon, *L'Etat en France de 1789 à nos jours*, Editions du Seuil, Paris, 1990. また産業資本主義だけについては、Denis Woronoff, *Histoire de l'industrie en France du XVIème à nos jours*, Paris, 1994 を参

照。

(6) Hermann van der Wee, *Histoire économique mondiale, 1945-1990,* 1990 参照。

(7) これは Robert Paxton, *La France de Vichy, 1940-1944* (フランス語版、Paris, 1973, 再版、1999) の最終的な主張のひとつである。Stanley Hoffmann, *Sur la France,* Paris, 1974 にもこれに近い要素が見出される。

(8) Michel Margairaz, *L'Etat, les finaces et l'économie, Histoire d'une conversion, 1932-1952, 2* vols., Paris, 1991 参照。

(9) 財政と通貨への大戦の影響に関する最近のアプローチについては、Bertrand Blancheton, *Le Pape et l'Empereur, La Banque de France, le Trésor et la politique monétaire de 1914 à 1928,* Paris, collection Histoire/Mission historique de la Banque de France, 2001 参照。

(10) 一九二八年の経済的社会的革新については、*L'Année 1928,* Actes du colloque sur l'année 1928, (Musée social, novembre 1998), *Vie sociale,* No. 3, 1999 参照。

(11) Pierre Saly, «Poincare keynésien ?», in Patrick Fridenson et André Straus (dir.), *Le capitalisme français,* op. cit. 参照。

(12) Fernand Braudel et Ernest Labrousse (dir.), *Histoire économique et sociale de la France,* vol. 4, tome 2, 1978 所収の Jean Bouvier 執筆部分を参照。

(13) Note pour le ministre du 22 janvier 1936, cité in Michel Margairaz, *L'Etat, op. cit.*

(14) Claude Didry, *Rappot pour le ministre de l'emploi,* Paris, 2001 参照。

(15) Henri Morsel, *Histoire de l'électricité, 1919-1946,* Paris, 1994 参照。

(16) Robert Frank, *Le prix du réarmement français, 1935-1939,* Paris, 1982 参照。

(17) Michel Margairaz, *L'Etat, op. cit.* 16章から20章を参照。

(18) François Bloch-Lainé, Jean Bouvier, *La France restaurée, 1944-1954*, Paris, 1986.

訳者注

〔1〕為替管理のもとで、国家支出の増加にともなう通貨の膨張がもたらす過剰資金を国債の発行などによって吸収し、国庫に還流させることでインフレ抑制を図ろうとする政策。

第2章　二〇世紀前半フランスにおける資本主義と公企業

廣田　功訳

1　「ベル・エポック」の資本主義
――公共サービスと私企業の間の共和主義的妥協――

二〇世紀初頭のフランス資本主義においては、公企業は例外的なものであった。国家の責任者たちと同様に、社会のトップの指導者層は、依然として自由主義の主要な原則に固執している(1)。

しかし二つの型の活動が、これらの原則に対する一種の例外となっている。

まず、以前の時代（コルベール時代まで遡る場合もある）、財政上の理由から形成された独占であり、タバコの生産・販売・流通、郵便（これは一八七八年以後国家から独立する）、電信・電話、さらに一八八九年からはマッチがこの例に当たる。

次いで、兵器生産のように戦略的な理由から、あるいは交通・エネルギーのように国土の管理を確保するために、伝統的に公権力のコントロールのもとに置かれてきた分野がある。このために国家は、「土木学校」（一七四七年創立）、「鉱山学校」（一七八三年創立）、「理工科学校」（一七九四年創立）のように、一八世紀に相次いで創立されたグランゼコール出身の国家技師に代表される有能なスタッフを有する。

兵器産業では、国家は軍工廠を介して直接の生産者であるが、発注を通じてとりわけ消費者であり、その発注は国営セクターだけでなく、国家の強力な保護を受けた競争セクターの中に共存する民間の金属機械企業（シュネーデル、フィルミニィなど）にも出されている。

「経済的な」政府支出の最大の部分を占める（第一次大戦前夜において政府支出総額の約一〇％に達する）交通の場合、国家は一八四二年の鉄道法以来、定期的に更新される妥協にもとづいて、交通網発展のオリジナルな形態を採用してきた。この制度によって、公権力は民間鉄道会社とともに鉄道建設の金融に参加し、民間会社に入札心得書を課す(2)。これはイギリスのような自由主義的な制度でもなければ、プロシアのような全面的に国家主義的《エタティック》な制度でもない。国家と鉄道会社との間の一八八三年の鉄道協定は、六大鉄道会社の独占とパリを起点とする中央集権的な鉄道網を確認する。当時政権を担当していた共和主義者たちは、レオン・ガンベッタの構想にもかかわらず、公企業の資金的リスクを負担することを嫌った。彼らは公共サービスに関する共和主義的考えを勝利させたが、それは入札心得書を条件として民間会社に営業認可を与えるものである。こうすることによって、彼らはすべての国民がアクセスできる広大な鉄道網の建設を保障することを望んだ。すなわち地理的な面では、営業的にほとんど利益がなくても、農村の僻地まで路線を建設することを支援し（これは「農村と共和政の同盟を保障する」ためであった）、さらに財務の面では、原価から離れてほぼ平等の低料金を設定するように促したのである。国家は投資資金を鉄道会社と分担し（総額の約三分の一）、見返りとして、払い戻し可能な貸付金のおかげで、会社にたいし、国民の中で大量に売却される社債の利子保障を提供する。運行の安全（これは従業員に有利な特典をともなっている）と料金の問題に関して（国家の）土木技師の監督を受ける鉄道会社は、収益性の点では多様であり、北部鉄道、ＰＬＭ（パリ・リヨン・マルセイユ）鉄道が良好であるのにたいして、東部鉄道、パリ・オルレアン鉄道は芳しくなかった。また一九〇八年、国家が破産した西部鉄道会社を買い戻す時、国家はこの路線を救うために、不本意ながらそれを行ったのである。

都市交通の場合にも、私企業に対して営業認可制度が特別に与えられた。しかしこの場合には、地方自治体が公権力を体現しており、たとえば、パリではパリ市が地上交通（一八六〇年、次いで一九一〇年に乗合馬車会社 Compagnie Générale des Omnibus を相手に）

と地下鉄（一八九八年にパリ地下鉄会社 Compagnie du Métropolitain Parisien を相手に）の両者について、都市空間の全域にわたって安価で均質かつ稠密な路線を強制することに関心をいだいて営業認可契約に調印する。(3)

エネルギーの場合、独占経営にも零細すぎて低販売価格を保障できない経営のどちらにもならないように、国家は古くから（一八一〇年四月二一日法によって）、複数の民間炭田会社に営業認可の共有を保証した。(4) 鉱山技師が坑道の安全（さらに危険の見返りとして従業員に与えられた特典）と販売価格の変動を監督する。

世紀末における電力の出現とともに、民間会社にたいする営業認可の割当は地方公共団体の管轄となり、一九〇六年法によってこの制度が確立された。パリの場合には、一九〇七年、六つの会社がパリ配電会社 Compagnie parisienne de Distribution d'Éléctricité に合同されるので、この制度は一定の合理化に寄与する。

一般に、公的なコントロールは、鉄道・炭田の場合全国的なネットワークを、また電力・都市交通の場合ローカルなネットワークを、ともにある程度合理化する方向に働く。結局、第一次大戦前の時点では、国家と地方公共団体の政治指導者の考えでは、公企業は少数であるとともにそれほど必要ではないように見え、彼らは私企業と公共サービスの原則の名によるコントロールとの間の一種の妥協である営業認可制度を優遇している。

2　状況に起因する偶発的所産——第一次大戦～一九三〇年代不況——

戦争の直接の影響とより長期的な影響

第一次大戦と結びついた産業動員は軍工廠に影響を与えたが、軍備政策は軍需品市場の私企業と同様に、公企業の生産を合理化することをめざしていた。社会党の軍需大臣アルベール・トマは、たしかにミシュラン工場のように若干の工場を徴用し、あるいは金属・機械の民間企業と締結したいくつかの契約を砲兵局の技師に監督させる。しかしトマが考えていた大規模なロアンヌ軍工廠建設計画が断念されたことが示すように(5)、戦争は、とくに国営企業を強めたわけではない。とはいえ彼は一九一七年初頭、この頃から増加しつつあった労働争議を鎮めるために国営工場に、労使代表による混合調停委員会と職場代表制を設置することによって、社会的協議の模範を示すことを望んだ。

しかしひとたび平和が戻ると、工業生産機構における国家の役割を強めた戦時中の措置のほとんどは、商工業界の圧力を受けて弱まった。

とはいえ、当時の経済的金融的状況と対外取引を圧迫する拘束は、伝統的な干渉領域における政府の影響力を強めることに寄与した。

交通の分野では、とくに高率のインフレと料金の権威的な凍結が重なり合った影響は、企業の経営勘定を悪化させることによって、国家や公共団体に支配を拡大するよう促した。鉄道では、一九二一年協定の調印によって、国家は復興のための支出とともに、一四年以来大幅に増加していた赤字（赤字額は一四〜二〇年の累計額で五〇億に達する）を引き受ける。この協定で新設された「共同基金」によって、「裕福な」路線（北部鉄道ないしPLM鉄道）と「貧乏な」路線の間で経営条件の調整が保障され、さらに国庫貸付によって、鉄道会社は借入金の利子保障を維持することが可能となる。（鉄道）高等管理審議会は、国家代表の割合を高め、その結果、会社間の料金の均等化を行い、さらに民間鉄道の従業員の身分を国営鉄道に揃えることが促進された。このような鉄道会社の「文字以前の国有化」（F・キャロン）は、鉄道が今後ますます行政として管理されることを意味し、

（銀行のような）私的利害をこの部門からいくぶん撤退させることになる。しかし下院がアルベール・トマによって提出された「国有化」の提案を否決した後では、国家の支配の方向にさらに進むことはほとんど不可能であった。

同様に、都市交通においても、しばしば多額の赤字が生じた結果、パリ地域の場合のように公共団体がいっそうの責任を確立するようになる。パリ地域では、一九二〇年に（賃貸公営の方式の下に）「パリ地域公共交通会社」ＳＴＣＲＰが創設され、この会社の中で私的利害が存続するとはいえ、今後地上輸送網全体の所有がセーヌ県に帰属するようになる。〔1〕最後に、国家は「郵船会社」をそのコントロールのもとに置くが、それはとくに商業的には収益性が皆無かきわめて低いが、「帝国の権益にかかわる」路線を経営として維持するという関心にもとづいている。

エネルギーの場合についても、国家の責任者が長い間続いてきた石炭と、とりわけ石油の不足を明白に意識した限りにおいて、大戦は重要な一段階を画した。この結果、とくに国内の水力エネルギーにいっそう関心が向けられるようになる。

水力は一九一九年一〇月一六日の重要な法律によってほぼ国有化され、国家は湖沼、河川、潮流のエネルギーの所有権と営業認可を認める権限を与えられた。一九二二年七月一日の別の法律は、さらに高圧電線網の敷設の監督を国家に委ね、送電網の連結を予示する。最後に、公共団体は、とくに水力開発のような多額の投資を行うために、「混合経済会社」(これはとくにベルギー、ドイツ、北欧諸国に見られる)を設立するに至った。この例としては、一九二一年以後の「ローヌ河開発公社」、「ドルドーニュ河開発公社」が挙げられる。一九二五年には、配電にたいして混合経済の規定が適用される。

一九一七~一八年に石油の対外依存が深刻に意識されたのち、軍事・政治の指導者は、「フランス石油会社」(これは一九二四年にイラク石油会社へのフランスの出資とともに設立された混合経済会社であり、フランスの会社にたいする精油製品の割り当てを保証する一九二八年石油法の保護を受けた「フランス精油会社」をコントロールする)をもとに、真の国有石油部門の形成を導いた。第二次大戦時には、フランス国内の資源探索のために「石油公団」が加わることになる。

すでに国家の強力な監督のもとにあったこれらの部門に加えて、一九一八年の勝利は、いくぶん偶発的であるが、国家が化学産業という新しい部門に足場を築く機会を与えた。

一九二四年、アルザス・カリ鉱山をドイツから取り戻し、さらにドイツのアンモニア合成の特許をもとに、「窒素公社」ＯＮＩＡが設立された。競争する私企業の間で本物の計画が協議されなかったために、一つの国営部門が形成されることになった。

三〇年代不況と人民戦線の限られた影響

この時期に混合経済会社の数はほぼ機械的に増加するが、それが確固とした意図を示すものと見るべきではない。それはいくつかの企業が景気の影響で苦境に陥り、国民経済上の理由で、国家がこの企業を破産から救うことを自らの義務と考えたことによるものである。

一九三一年以後の景気後退によって財政的に大きな影響を受けた交通の場合には、とくにこの例が目立つ。このようにして少数の株式保有であれ（一九三三年に急進党の空相ピエール・コットの計画により設立された「エール・フランス会社」のケース）、あるいは過半数の株式保有であれ（一九三一年の「国際寝台車会社」、一九三三年の「大西洋横断汽船会社」のケース）、国家は混合経済会社を形成することになる。

逆に、多くの重要な企業の救済は、必ずしも政府の資本参加を意味せず、救済された企業は私企業にとどまる。これは「国民信用銀行」Banque nationale du Crédit の場合に見られ、さらに「商工銀行」Banque nationale pour le Commerce et l'Industrie によって繰り返された。

一部で認められている見方とは逆に、人民戦線のもとで国家セクターは決して増加しない。それは社会党の意思にもかかわらず、国有化にたいする急進党の不信と人民戦線の統一にたいする共産党の配慮に原因がある。(6) その結果、人民戦線の選挙綱領の中に国有化との関連で掲げられたのは兵器産業だけである。しかもそれは「死の商人」にたいする非難に対応して、基本的に政治的・道徳的な理由から掲げられたものであった。一九三六年八月七日の法律は、兵器産業国有化に関する措置を公式のものにするが、その実施法令はかなり限定的な性格を示した。海軍の場合には単一の事業所が、陸軍の場合には八つの軍工廠が設立され、さらに空軍の場合には二二の工場をもとに、国家が資本の六七％を保有する六つの航空機製造国有会社が設立された。航空機製造については、レオン・ブルム政府において空相に返り咲いたピエール・コットの意向を受けて、機体製造工場だけが国家とポストを保持した以前の私企業指導者に委ねられた。一九三六年に決定された再軍備のための財政努力以後、一定の遅れがなかったわけではないが、国有化は基本的にこの部門を合理化する効果をもった(7)。

「フランス国有鉄道」SNCFについては、国有化は一九三七年に行われたが、その決定は何年も前に民間会社の要求で開始された交渉の延期から生じた。国家は資本の五一％を取得し、私的利害は「私的領域(2)」を保持し、さらに補償金を受けて、整然と撤退する。新会社は、一九一九年以来CGTが重視してきた「産業化された国有化」の原則に一致するよりも、はるかに国家管理の特徴を示している(8)。

一九三〇年代の危機は、石炭調達の問題と石炭を節約するための水力設備にたいする必要の増大を意識させるとはいえ、国家の責任者の中に、エネルギー部門を支配するという確固たる意思は未だ見られない。この意思は、とくに一九三六年以後、公共事業相ポール・ラマディエの指導で国家技師の監督強化が行われ、さらに一九三八年に国家が民間電力会社にたいして、ジェニシア・ダムを含む大規模なダム建設計画（いわゆる三〇億計画）の取り組みを勧めたことによって、わずかに示されたにすぎない(9)。

第二次大戦は、ドイツの統制のもとで国家指導経済と権威的分配をもたらすが、その時でも、公企業の領域では何も新たな展開は見られなかった。それは私企業を擁護することを主張するヴィシー体制の曖昧さに起因する。一九四二年の「アキテーヌ国有石油公社」の設立によって、国営石油部門だけが拡大したにすぎない。[10]しかしレジスタンスのさまざまな構成分子の反応と解放の社会的政治的圧力は、さらに産業と金融の公的セクターの境界を定義し直すことになる。

3 レジスタンスから解放へ——フランス型の強力な公企業セクターの創出——

周知のように、レジスタンス綱領の中に明記されていた第二次大戦後の国有化は、連続的な三つの波を経験する。[11]

解放直後、さらにとくに国土の南半分において国土解放勢力が蜂起したあとの時期に対応する第一段階では、逆説的ながら、公共団体への企業の移転はほとんど見られない。社会的、愛国主義的緊張が強いところで生じた労働者管理のケースは、過渡期を過ぎると、結局、一般に元の所有者への復帰に行き着いた。この頃、従業員と社会から、指導者が占領軍と協力したことを疑われた企業を対象とする若干の懲罰型の国有化だけが残った。この例としては、ルノー（一九四五年一月）、グノーム・エ・ローヌ（一九四五年五月）のように、戦前から政府の発注に依存していた企業とエール・フランス（この場合は一時的な形であるが）が挙げられる。

第二段階（一九四五年冬～一九四六年春）の時期には、社共両党が第一次憲法制定議会で多数を占めていたので国有化が承認される。それは事情を踏まえたうえで決定され、寛大な補償を与えた一〇〇％の国有化であり、基本的に生産を急速に増大し、さらに構想途上の第一次（経済）計画の条件に沿って国の「近代化と設備」を保障することを目的としていた。エネルギーと信用の基本的な部分がその対象となる。一九四六年四月の「フランス電力」ＥＤＦ、「フランス・ガス」ＧＤＦと同年五月の「フランス炭鉱」の設立、四五年一二月の四大預金銀行とフランス銀行の国有化、四六年五月の大保険会社の国有化がこのタイプに属する。

エネルギーの場合、国有化は、当時の左翼の政治的多数派、ＣＧＴ系労働組合に大量加入した従業員の希望、旧会社の幹部職員層——ヴィシー体制にあまりにも密着しすぎた上部指導者の一部を除く——における一種のコンセンサスを示している。彼らにとって、国有化は以前からすでに行われていた作業を引き継ぎ、集中、合理化、送電網の連結を強めることを意味した。

さらに、「アキテーヌ国有石油会社」と「石油公団」を支配する「石油探索局」の新設によって、国家の石油セクターが強化される。また一九四八年になると、「パリ地域交通公団」RATPや「大西洋一般会社」、「郵船一般会社」など若干の公私混合企業が加わることになる。

公的セクターは、基本的に資本主義的な高い集約性をもち、大規模投資を行う大企業に対応しており、それらはモネ・プランによってプライオリティーを与えられた「基礎的セクター」(エネルギー、交通、鉄鋼、セメント、農業機械)の中に入る限りにおいて、公的金融を大量に利用する。それら基礎的セクターは一般に低料金をもたらし、この低料金は川下の多数の顧客企業に利用され、またこのセクターのインフラの近代化は、設備産業と公共土木事業に巨大な市場を切り開くであろう。この結果、それらは少なくとも最初の一〇年間、戦後の高度成長を大いに支える。

たしかに国有セクターと私企業にとどまった鉄鋼業を優遇することによって、当時の政府は、住宅、機械産業の一部、電信電話、都市交通を犠牲にした。しかしこのように確定された方向を即座に否認した社会的・政治的なアクターは、ほとんど見出されない。

＊　＊　＊

フランス資本主義の全体的な再建過程における公企業の歴史的重要性は、おそらくそれらが異なる三つの型の時間性にかかわる現実と結びついていたという事実から生じている。まず短期的に見た根拠を示そう。公企業は「全国抵抗評議会」CNR綱領の中で計画されており、この綱領は、ドゴールから共産党にいたる政治勢力、CGT（労働総同盟）および「キリスト教労働者連盟」CFTCの労働組合、さまざまな抵抗「運動」の全勢力を結集したフランス現代史上唯一の文書である。労働党だけの仕事であるイギリスの国有化と違って、それらは一九四五年に国民全体の共有財産となり、それ故、その後政権党が変わっても、一九八〇年代まで決して再審されることはなかったのである。さらに冷戦に道を開いた一九四七年の分裂以後も、国有化は労働運動の急進的潮流（CGTと共産党）の支持を得た。国有化は、広範囲にわたる労働者福祉事業を支配し、また従業員に有利な身分、労使対等委員会、労働組合権の行使の保障を通じて影響力を発揮し、さらにそれとともにより全体的な政治闘争において強力な「地歩」を確保する機会と見なされたからである。

中期的に見ると、これらの企業は一九四〇〜四四年の不幸ののち、戦後再建の主要な梃子の一つとなり、真の国民的復興の基盤となる。その理由は、これらの企業が、経済、社会、政治の大半の勢力から優先目標と判断された大規模な設備計画の中心に位置づけられていたことにある。

最後に、長期的に見ると、これらの企業は、伝統的に上級国家技師の監督を受け、古くから公共サービスの原則に服してきた分野と一致している。管理が競争的な民間企業とほとんど違わなかったルノーや銀行については、これはあてはまらない。エネルギー、交通の国有セクターが本当のダイナミズムを示し、さらに産業世界において近代的・合理的なセクターを築くことが出来たとすれば、その理由はおそらく株主になるはるか以前から、国家がこれらの企業に無関係ではなかったことにある。

注

(1)　この報告テキストは、Robert Salais, Noel Withseide (eds.), *Towards a Modern Labour Markert? Comparative study of Britain and France, 1930-1960*, 1998 所収の拙稿 «Companies under public control in France, 1900-1950» の1部を書き直して転載したものである。参考文献と研究史の詳細については、もとの論文を参照。

(2)　Francois Caron, *Histoire des chemins de fer en France*, t. 1, Paris, 2000 参照。

(3)　Dominique Larroque, Michel Margairaz, Pierre Zembri, *Paris et ses transports, XIXème-XXème siècles, Deux siècles de décisions pour la ville et sa région*, Paris, 2002 参照。

(4)　Marcel Gillet, *Les charbonnages du Nord et du Pas-de-Calais au XIXème siècle*, Paris, 1973 参照。

(5)　Richard Kuisel, *Le capitalisme et l'Etat en France au XXème siècle, Modernisation et dirigisme*, traduction française, Paris, 1984 参照。

(6)　Michel Margairaz, *L'Etat, les finances et l'économie* (*1932-1952*), *Histoire d'une conversion*, Paris, 2 vols., 1991 参照。

(7)　Robert Frankenstein, *Le prix du réarmement français* (*1935-1939*), Paris, 1982 参照。

(8)　Francois Caron 論文（*Revue d'Histoire des chemins de fer*, hors série no. 1, 1989）参照。

(9)　Henri Morsel, *Histoire de l'électricité en France*, t. 2, Paris, Fayard, 1994 参照。

(10)　Michel Margairaz, Henry Rousso 論文（*Histoire, Economie, Société*, 1992/3）参照。

(11)　Claire Andrieu et alli, *Les nationalisations de la Libération*, Paris, FNSP, 1987 参照。

訳者注

〔1〕この新会社は、セーヌ県から設備のリースを受けて経営を行う「賃貸公社」の形態をとった（本書第3章、五六頁参照）。県は、議員などで構成される諮問委員会の監督のもとで路線、料金、運行時刻、社債発行など、支配権を有する。従業員は市職員と同等に処遇される。一方、会社は経営努力（収入増加・支出削減）に対して県から奨励金を受ける。また旧会社（「乗合馬車一般会社」CGO）の役員アンドレ・マリアージュが、新会社の理事に任命された。

〔2〕ホテル、レストランなど、民間鉄道会社が所有する子会社を指す。これらの会社の扱いは、鉄道国有化問題をめぐる論争の争点の一つであった。

第3章　二〇世紀パリ都市交通の経済的、社会的、政治的歴史

廣田　功訳

都市史の専門家たちは、都市の発展と緊密な関わりをもつ要因の一つとして、交通の歴史に取り組むことを習慣としてきた。交通が都市空間の形成に寄与し、また同時に都市の変化の影響を受けると指摘することは平凡なことになった。言い換えれば、都市交通は、しばしば都市整備の所産であると同時にその要因であると考えられている(1)。

われわれはもっと視野を広げ、パリの公共交通の歴史が二〇世紀を通じたパリ都市圏の形成だけでなく、さらにそれを越えて二〇世紀のフランス全体に影響を与えた技術的経済的変化、社会的実践、政治文化のいくつかの特質について明らかにすることを示したい。フランスのような中央集権的な国の首都空間にたいする交通の影響をめぐって形成される政治、経済、財政、都市計画に関する争点は、きわめて重要であるように思われるので、実際に、それらは本来のパリの空間の範囲をはみ出し、フランス国民《ナシオン》全体の基本的特質に光を当てることになる。

この課題を果たすために、二〇世紀を三つの段階に区分することにしよう。これらの段階は、長い不安定な期間を挟んで、一つの支配的なモデルから別のモデルへの移行が生じた時期に対応している。第一段階は、一九一四年で中断し、当時の支配的モデル、すなわち営業認可と独占の形態のもとにおける私企業と公共団体の間の妥協というモデルに対応している。さらにパリの場合、地上交通網と地下鉄との間には明瞭な分離が見られた。次いで、第一次大戦から戦間期にわたる、不確実性と挫折した改革の長い期間がやって来る。一九四五~四八年以後、第三の段階が開かれるが、それは一九四八年三月二〇日のRATP（パリ市交通公団）発足と第二のモデル、すなわち国家から強力な財政援助とコントロールを受け、公共交通の標準化された技術的ヴィジョンに服する大公企業というモデルの確立によって影響を受ける。一九八〇年代以来、徐々に危機に陥り、二一世紀初頭に数多くの変化を被っているのはこのモデルにほかならない。

1　一九〇〇~一九一四年
――公共サービスと営業認可制度の時期における二つの交通網、二つの文化――

二〇世紀初頭から第一次大戦の勃発にかけて、パリの交通は、当初や一八八〇年代までの状況とは異なり、料金の低下と交通網の拡張によって、大衆サービスになる傾向を示している。この領域における変化の主要な要因の一つは、一九〇〇年以後、地下鉄が営業を開始し、それが地上の交通網と一体化されずに付け加えられるに至ったことである。この二つの交通網は、互いに非常に無関係であっても、それぞれ都市交通の公共サービスに関する同一の政治的見解を示している。

地方団体と私企業の妥協としての公共サービス

第二帝政以来、そして一八五五年にパリの市壁内において公共交通の独占権を持つ企業として「乗合馬車一般会社」ＣＧＯが設立されて以来、パリ市の政治・行政の指導者たちは、営業認可の形式を優遇した。この形式は、長期間（一般には五〇年）、パリ市と私企業を結びつけ、私企業は公共団体の要求を表す入札心得に従う。

一八八〇年以来全国とパリの両方で政権に就いた共和派は、この制度を固め、掘り下げ、さらにこの制度を同じ頃原則が提起されていた公共交通サービスの目的に合わせた。この原則に従えば、都市交通は、地理的な観点――これは稠密かつ同質的な交通網を意味する――と資金的な観点――これは相対的に平等な低料金を意味する――から、すべての人にアクセス可能でなければならない。これらの原則をもっとも良く遵守させることが出来る公共団体は市町村であり、交通は何よりも市とその議員たちの問題となる。しかし穏和共和派と急進主義者は市町村直営に訴えることを嫌い、一九一〇年にCGOの営業認可が更新された。私企業に訴えることは、彼らの考えでは、次の二重の利点を示していた。まず、市町村サービスでは得られないような交通の専門家の技術的、商業的能力を享受することが出来る。さらに当該サービスの設置・運営にともなう財政的リスクを私企業に保証させることが出来る。

CGOの入札心得に記載された強制条件は――とりわけ交通網の拡張と近代化に関して――比較的緩く、たびたびくぐりぬけられ、その結果、パリ市役所と会社との間に対立が頻発し、係争さえ招くことになった。独占にしがみついたCGOの指導者は、とくに出来るだけ長い期間で古い馬車を償却することに熱心で、馬車は一九一三年までパリ市内を走ることになる。一八八九年の万博の際に全世界から訪れた旅行者の目に映った交通網の名だたる不備のように、パリの公共交通の技術的な遅れは、少なくとも部分的にこのことから説明されよう。影響が全国に波及するこれらの欠陥は、都市交通の政治的問題が、市政の枠を越えるという事実を物語る。パリ市は、CGOに認められたパリ内部の独占に拘束されていたために、セーヌ県が、一八七三年に――アメリカ合衆国では二〇年前から市街鉄道が見られたのに――近郊の数社の市街鉄道会社（当初は馬車、その後蒸気、さらに一八九〇年代に電車となる）に営業認可を与えなければならなかった。さらに一八九一年以後は、国家が市街鉄道会社にたいして新たな営業認可を与えることになる(2)。

パリ市議会は、公共サービスの原則の採用について監督するが、にもかかわらずこの制度は依然として非常に自由主義的である。民間会社は経営の資金的リスクを負い、その財源は受益者負担の制度にしたがい、もっぱら直接の運賃収入に依存している。地上交通網の障害を回避するやり方の一つは、そこに都市鉄道を加えることであった。しかし一八八〇年以後、公共事業省の構想（幹線鉄道会社が建設する路線網を優遇し、それぞれの会社の路線をパリの中で連結するという構想）と厳密にパリだけを対象とする路線網の建設に賛成するパリ市議会の構想の間で対立が生じ、そのために首都交通機関の形成は二〇年間遅れる。しかし一九〇〇年の万博が近づき、さらに新たな交通混雑の状況の危険性が感じられるようになり、国家の側に譲歩が迫られた。一八九八年一月二七日、パリ市は、ベルギーのアンパン・グループの子会社である「パリ地下鉄会社」ＣＭＰに、都市鉄道の八路線の設立と経営を認可する。しばらくして、「南北会社」という別の会社にたいするもう一つの路線認可が加わり、この会社はＣＭＰの路線との連絡を保証することを義務づけられる。この新しい交通様式も営業認可形態の選択を確認するが、パリ市は建設工事に要する多額の投資の四分の三を出資し、会社は線路、アクセス、車両しか負担しないので、今度は、市は公共サービスの方向に向かってはるかに強制的な入札心得を課すことになる。

したがって一九〇〇年以後、都市交通に関して、パリはまったく異なる二つの世界を経験することになる。

互いに無関係な二つの交通網と社会的技術的世界

第一次大戦前夜、地上の路線網においては異質な車両が重なり合い、乗合馬車、世代とモデルを異にする市街電車、加えて一九〇五年からはシュネーデル社製のバスが混在していた。前述のように、傷つけられたとはいえ、CGOの独占体制が維持されたにもかかわらず、運行会社とその監督機関もまた多様であった。その結果、メンテナンス部門の労働者や職員は言うに及ばず、経営の仕事にも大きな多様性が生じる。一部の車両が老朽化していたので、運行会社の技術的な能力は、とくに良くはない。しかも他の首都に比較すれば、都市にたいする交通網の影響は比較的弱い。これはとくに都市計画家の反対の結果によるものである。彼らは、美観に配慮して、パリ市内と郊外の一部（一九一〇年まで）において、電柱と空中電線の設置を禁止させる。路線網は運行会社の用地に設置されていないので、乗合馬車の乗務員、御者・運転手、バスや市街電車の運転手・車掌に一定の自立性を残しながら、運転が行われる。依然として彼らの労働条件は厳しいが、一九世紀末には、労働組合加入を介して、彼らの戦闘性が示される。

逆に、地下鉄の場合、技術的な要因による影響が非常に強い。これは地下経路を選択することが余儀なくされたこと――これは都市の美観を損なわないためである――、さらに死者八四名を出した一九〇三年のクロンヌ駅の悲惨な事故が示すように、当時はまだ電気が良くコントロールされていなかったことに起因する。しかしこれはパリの住民にたいして、地下鉄が素晴らしい成功を収めることを妨げない。工事は、フュルジャンス・ビヤンブニューをはじめとする市の技師たちの監督で円滑に行われた。工事は予定より延期され、そのおかげで当時としては革新的な車両や技術が導入された。すなわち電気に加えて、コンクリートと鋼が使用され、河の下の部分に線路を敷くためにセーヌ河の水を凍らせた。最初の技術的選択は、ユーザーにたいする安全の確保を気づかう市の代表によって慎重にコントロールされ、これは車両と経営形態の統一を促した。間隔の短かいすべての駅において、あらゆることが同じように働く。しかも地下の閉ざされた世界が問題であることから、車両の中（運転手、車両主任、当初は車両ごとに配置された警備員）と同様に、ホームの非常に多くの従業員（料金係、監視員、駅長等）の位階的な作業仲間の間でも、ほとんど軍隊的ともいえる規律を支配させることが出来る。(3)

公共サービスの特性にともなう安全と利便性（運行が限られた時間帯や限られた曜日だけでないこと）を要求する見返りに、市議会議員の側は、会社が従業員に直接的な特典（勤続一年ないし二年後の「職務委任」による雇用保障、最低賃金）、さらにとりわけ間接的な特典（一〇日間の有給休暇、年金、無料医療）を与えることを獲得した。これらの制度は、社会立法がドイツやイギリスよりもはるかに遅れていたために、当時まだきわめて初期的な発展段階にあった一般的な労働制度にはるかに先行していた。ＣＭＰ指導部の経営政策は、パリにおける住宅政策と余暇政策によって労働力の管理をさらに強めるが、この政策は、労働力の忠誠を確保し、当時不安を与え続けていた地下の労働に関する規律のように、公共サービスにともなう拘束を受け入れやすくさせることをめざしている。その結果、多くが地方出身者でパリの生活に慣れていない地下鉄の従業員の間で、自立性は弱いが企業内部の強力な人間関係《ソシアビリテ》が形成される。このようにしてＣＭＰ従業員は、雇用条件を彼ら並にしようと試みるＣＧＯ従業員よりも有利な物質的条件を獲得するが、彼らの自由は、ＣＧＯ従業員よりもはるかに少ない。また彼らの戦闘性はより低く、その結果経営から独立した労働組合運動の定着は遅れることになった。

都市内移動に関する厳密にパリ的な共和主義モデル

地下鉄のように責任の重い路線網の建設に際し、市会議員によって会社に押しつけられたいくつかの技術的選択は、長い間（しばしば今日まで）、パリ市の都市計画にたいして影響を及ぼしつづけることになる。しかし、より根本的には、これらの選択は、またパリ市自体に関する共和主義者の政治的社会的構想に役立つような都市内移動についての独創的なヴィジョンを示している。

このようにして、穏和協和派、急進主義者、社会主義者によって支配されたパリ市の委員会は、非常に稠密（一九一四年前に三〇〇の駅）、比較的同質的（市内のどの地点も駅から四〇〇メートル以上離れてはいない）、近代的かつ清潔（電気牽引の一般化――ロンドンの地下鉄が当初蒸気で動いていたことを想起しよう）、便利かつ民主的な（乗車時間と乗車路線数に無関係の均一の低料金）路線網を建設することに配慮した。地下鉄は、直接的に、また地上交通にたいする競争の効果によって間接的に、パリを大衆交通に関する真の公共サービスの時代に突入させた。(4)

パリ市の議員の考えでは、資金的あるいは地理的にもっとも恵まれない人々を含めて、すべての住民にとって便利な交通は、それなりの仕方でパリの内部的な社会的多様性——今日では社会的混合と呼ばれよう——を維持することに寄与しなければならない。かくして、パリ市は、社会学的に非常に多様な住民をかかえ、フランス人であれ外国人であれ、多数の移住者を統合する力を持つ首都としての特徴を保持しなければならない。したがって近代的な公共交通は、市とその機能についての民主的ヴィジョンの性格を帯びている。(5)

とはいえ、ある種の選択は、パリの市壁内部と周辺市町村の間で格差の拡大をもたらす。周辺市町村の中では、第二次工業化の時期、世紀初頭から首都の北部および東部に郊外の労働者地区と工業地区のめざましい発展が確認される。そこでは地上交通網は不足しているが、民間鉄道会社は収益性が不確実すぎる郊外を無視する。パリ市の委員会は、まず鉄道会社から分離された、厳密にパリだけの路線網を形成することに関心を持っていた。その結果、小型車両（幅二・四メートル）や鉄道会社とは異なる技術的基準（イギリス方式と違う右側走行など）が選択され、さらに鉄道駅相互間の連絡を悪くする（現在でもリヨン駅とオーステルリッツ駅の関係が滑稽な形で示している）ための断固とも言える意思――これは現在でも乗客を悩ましている――が形成されるに至った。第二段階では、たしかに郊外への路線の延長が予定されていたが、実際には、第二段階への着手は遅れる。

したがって地下鉄は進歩的な構想ではあるが、それはパリの住民にのみかかわることである。したがってパリ市政のある種のエゴイズムが、地下鉄網を鉄道会社の路線網と接続することを意図していた国家の構想に反対するために、市議会保守派とコンセンサスを形成することを可能にしたと言えよう。

2 第一次大戦から第二次大戦へ――再検討と改革の挫折――

第一次大戦は会社の財務基盤を動揺させ、公共交通の制度の再編成を余儀なくさせる。しかし新しい妥協も一九三〇年代不況に耐えられず、新たな財務バランスが達成されないうちに第二次大戦が勃発する。占領期の例外的な拘束とそれが解放期に引き起こす政治的社会的緊張は、パリの交通の新しい組織を生み出すことになるであろう。

第一次大戦の金融的動揺と戦後の再編

戦争努力と結びついたインフレと公権力によって強権的に決定される運賃の凍結は、あらゆる交通会社を経営赤字に陥れ、戦争終結直後から赤字の解消が問題となる。一九一九年から二一年までの間、運賃が調整され、営業認可制度は「間接公社」régie indirecte ないし「賃貸公社」régie affermée の制度に変更されるが、〔1〕この制度変更は、今後、地方公共団体――地下鉄についてはパリ市、地上交通についてはセーヌ県――が経営の金融的リスクを負うことを意味している。(6)

しかし地下鉄の経営勘定は一時的にしか悪化しない。一九二〇年代初頭から、路線と輸送量の発展のおかげで、CMPは相当の利益を回復し、さらに一九二九年には、営業認可制度が再建され、CMPは「南北会社」を吸収して、地下交通の独占を保有する。逆に、地上交通の場合、状況は構造的に危機的である。一九二〇年代末には、すべての会社は単一の「パリ地域公共交通会社」STCRPに合体されたが、これはセーヌ県の「賃貸公営」であり、今後は県が戦間期を通じての慢性的な赤字を補填しなければならない。このことは、一九二一年の新しい鉄道協定の中に確認されることと同じく、都市の地上交通についても、私的利害が相対的に撤退したことを示している。

バスと市街電車だけが郊外を走るが、市内に比べて路線網の密度は低く、運行頻度は不確かであった。この時、受益者負担という自由主義的制度は限界に達する。地下鉄は依然として市内に閉じこもったままであり、それによって繁栄を意味する運行頻度の高さが保障される。

路線網の拡張と近代化の失敗

人口の伸びと市街地の拡張は、都市の交通需要の増加に貢献する。しかし供給はそれに追いついていかない。郊外における地下鉄の若干の路線延長が決定されるが、その実現は戦前には遅々として進まず、ほとんど実現されない。ＣＭＰ指導者は、パリの市会議員――営業認可制度はパリ市に利益の一部を保障している――と同じく、金の卵を産む鶏を殺すことになるから、地下鉄が市壁の外側に出ることを妨害する。

地上交通を受け持つＳＴＣＲＰのほうは、赤字を解消できない。社会主義者アンリ・セリエの田園都市建設と結びついた市街電車の新路線を建設するという構想は、セーヌ県議会で政治的多数派を確保できない。県議会の勢力関係は、運賃引上げに賛成する受益者負担という自由主義的見解の擁護者と交通の間接的な受益者に支払わせることに関心を持つ公共サービスの擁護者との間で、ほぼ拮抗している。

一九三〇年代不況は、輸送量を低下させることによって、赤字をさらに拡大し、「交通調整」を刺激するが、これは路線数の減少を意味するので、それにたいして多くの県会議員が反対する。実際には、技術的・経済的に異論の余地があるが、この時期に行われた唯一の大規模な施策は、一九三八年にパリと郊外で市街電車が最終的に（一九九二年に復活するまで）廃止されたことであろう。これはルノー社のバス――後部昇降口の所に立席を設けた有名なTN車――にたいする大量注文のために行われたことであり、その際にある種のロビー活動が効果を発揮した可能性は否定し得ない。さらに同じく、一九三八年、ポール・レイノーの蔵相就任とともに生じた政府の新自由主義的転換〔2〕は、バス運賃の大幅引上げといくつかの路線の廃止に帰結する。

占領の強制、改革、緊張

対独戦敗北、休戦、ドイツの占領、包囲、物資欠乏の影響はとくにバスに及び、燃料を奪われ、車両のわずか三分の一が、ガス発生装置をつけて市街地を走る。逆に、地下鉄は、仏独当局から電力を供給され、存続する稀な交通手段の一つとなったために、記録的な混雑さえ味わう（一九四二年には年間乗客数は一〇億人を突破する）。

ヴィシーの交通相ジャン・ベルトゥロは、このような状況を利用して制度を合理化しようとする。彼は、実際的というよりも理論的ではあるが、もっとも強固で収益性が高いと判断されたCMPによるSTCRPの吸収を強権的に決定する。対独経済協力、ドイツ占領に抵抗する従業員——とくに非合法化されたCGT傘下の従業員——にたいして行使された圧力、賃金凍結と労働条件の悪化は、労使間において社会的、政治的さらに愛国主義的という三重の対立を持続させる。解放期に、会社の内部は一触即発の状態を味わい、その結果、ドゴール臨時政府の交通相であった保守的な急進党員のルネ・マイエルは、CMP指導者を追放し、さらに新しい制度の確立までの間、地下鉄の暫定管理機関を設置するに至った。

3　パリ市交通公団、国家に従属する苦楽を味わう公企業

三年以上の議会討論ののち、パリ市交通公団RATPとともに、パリの交通の新しい組織が制度化される。しかし地域的な企業とはいえ、それは国家レベルでなされる選択に大いに依存し、かくして状況に応じて、国家政策の変動の影響を被る。

骨の折れる誕生と最初の困難な一〇年

対独経済協力と労使対立は、一九四四～四八年の産業ならびに銀行の国有化の導入からほどなくして、国の議会にパリの交通から私的利害を最終的に（今日に至るまで）排除するように促す。政権の座にあった三党体制の政治勢力（共産党、社会党、人民共和運動《MRP》）は、一九四三年以来再統一された強力なCGTに支持されて、一九四六年、パリ市交通公団RATPと呼ばれる都市交通（地下鉄、市内バス、郊外バス、タクシー）についての単一の大きな地域公企業の構想に関して合意していた。経営指導部は、国家、従業員、ユーザーを代弁する地方議会議員の各代表の間に配分される三者構成を採用するはずであった。[7]

しかし一九四七年の冷戦勃発および共産党閣僚の閣外追放とともに、第三勢力の政党（社会党と人民共和運動）は、私企業（道路輸送業者職業連合のタクシーと郊外バス）に余地を残した組織形態に方向を転換する。これはもっとも穏和な分子を満足させることをねらうと同時に、総裁と代表理事が閣議で任命される将来のＲＡＴＰと同様に、交通を組織する機関（パリ地域交通局ＯＲＴＰ）においても、国家に支配的な役割を与えることをねらっている。一九四五年以来、従業員とパリ地域の議員の間で共産党が急速に進出していたので、議会多数派は、このような組織形態がなければ、新しい企業にたいして共産党とＣＧＴの支配が生じることを恐れたのである。中央国家に従う地域交通企業という、世界的に見て特殊ともいえる組織は、五〇年後も、このような一九四七〜四八年の政治的社会的状況に起因している。

新しい企業は、厳密に旧ＳＴＣＲＰとＣＭＰの路線網を引き継ぐ。しかしその財務制度は、受益者負担の原則に従って、直接の運賃収入しか予定しない。ところでＲＡＴＰは運賃を自由に決定できず、それはＯＲＴＰに従属するが、そこではインフレと闘うために、国家の代表が一〇年間ほとんど凍結を認めさせていた。その結果、この企業の財務状態は麻痺し、一九五九年、財務制度は、第五共和政の初期に変更されねばならなかった。

さらにパリの都市交通は、モネ・プランの優先部門に認定され、支援を受ける「基礎的セクター」の中に入っていないために、中央集権的な復興のための大規模な政府金融――マーシャル借款の見返り資金を介した仏米の金融――を利用することは出来ない。またRATPは、当時、地方に比べてパリを不利な立場におく不評に悩まされていた。その結果、路線網のほとんど停滞的な状況、さらに市内バスを除いて、一九三〇年代不況以来すでに近代化が妨げられていた設備・車両の老朽化が生じることになった。地下鉄の車体はしばしば一九二〇年代の製造であり、一九三四〜三六年製のTN車がバス車両全体の基本を形成していた。それでも二〇億人程度の年間乗客数に達する輸送量を維持したことは、なお半奢侈財にとどまっていた自家用車の競争が弱いことだけから説明されよう。

CGTが強力に浸透した従業員の組合は、従業員のほぼ全体の正規職員化と五〇歳停年退職制度に代表されるCMPの間接的な特典の拡大を獲得するために、公共サービスの拘束（運行時刻表と週休に関して）と、とくに地下における労働の苛酷さという拘束を利用することが出来た。

国家の補助金を受ける大公企業のモデル、近代化、地域の拡大（一九六〇年代と七〇年代）

ＲＡＴＰが、ポール・ドゥルブリエの指揮のもとに導入された大パリ地区の指針とその刺激を受けたドゴール主義者の大規模なパリ地域開発構想の恩恵を受けるには、一九六〇年代と大都市近郊の人口急増を待たなければならない。一九五九年の新しい財政制度と常に国家の代表が支配する「パリ交通協会ＳＴＰ」の創設は、運賃調整が不十分な場合、ＲＡＴＰに補償金――国家が七〇％を払い込む――を受けさせることになった。これはついに受益者負担の幻想が終焉したことを意味するが、財務均衡に協力するのは全国の納税者である。

さらに国家は、寛大にも一五年間、重量で容量の大きい、パリ地域を横断する長距離のまったく新しい地域鉄道網（これは高速地域鉄道ＲＥＲと呼ばれた）の建設費を負担する。その建設の諸段階は、都市計画の主要な活動（一九六一年から着手されたデファンス地区再開発、一九七〇年代初頭のレアル地区再開発など）に対応している。そこにおいてＲＡＴＰは、まったく一新された技術的近代性のイメージを獲得する。

同じ頃、混雑状態の旧い路線が近代化される――とくに地下鉄における中央で管理される自動操縦装置の導入――一方、多数の職種（バスの車掌、地下鉄の車両主任、駅長、監視員）が、旧い車両とともに徐々に姿を消していった。そして今回は地下鉄がまぎれもなく郊外に延長されることになった。

とはいえ、労働の管理は依然として非常に中央集権的で位階的である。近代化の活動は、労働組合との交渉によって進められ、解雇をともなわないで実施された。生産性上昇の一部は、従業員のための改善措置に当てられ、一九六八年五～六月のゼネストのおかげで、この速度は加速される。ピエール・ヴェイル総裁就任後（彼は一九六三～七一年の間総裁を務める）、経営指導部に、しばしば土木学校出身のポリテクニシャンが参加することによって、企業文化の中で技術的な要因が強まり、際立つようになる。最後に、一九七二年、国鉄SNCFとRATPの路線を接合する決定がなされたことは、七五年間続いた相互無視の状態を終わらせ、今後は、地域交通網の運行のために両者が協力する体制が出来たことを意味する。

経営陣の考えでは、交通の供給は、基本的に、住居と職場の間を移動する勤労者大衆――一九六八年には「地下鉄、仕事、眠り」と書いた落書きが見られた――の集中し標準化された需要に応えなければならないと考えられる。彼らは周辺（その人口は急増している）から、居住者数は減少する一方で雇用が集中する市内中心部に向かう人々であり、公共交通から逃れられない人々である。

中央集権的な国家管理モデルの危機（一九八〇～二〇〇〇年）――三重の再検討――

高度成長の終焉は、すべての国有企業にたいする公権力の新しい方針に対応しており、それは一九六七年のノラ報告の方向に従ったものであった。それによって国家が資金供給から撤退する事態が生じる。ＲＡＴＰにとって、それは投資にたいする国家補助金の大幅削減を意味し、これによってＲＡＴＰは費用がかかる路線拡張計画を延期ないし放棄することと大規模な工事に終止符を打つことを余儀なくされる。さらに企業の運転予算にたいする補償金の上限さえ設定するという国家の関心が加わり、企業指導者は、従業員のための支出（支出総額の六〇％を占める）を中心に、ますます支出を切り詰めることを余儀なくされる。このようにして国家の金融的参加は、二〇年来、交通を組織する機関に関する地域の改革を阻害するようになっており、それはイル・ド・フランスを除く全土で実施されている。

一九八〇年代以後、社会全体に広がった乗用車は、より激しい競争をもたらし、ますますバスの交通を妨げている。移動は、生活様式の柔軟性の高まりに対応して、時間的にも（一日、一週、一年）空間的にも、住居と職場の間の往き来を越えて、ますます個人的な動機から増加し、多様化している。その結果、交通網が需要にたいして相対的に適応できない状況が生じている。現在の交通網では、周辺と中心を結ぶ放射線状の路線と市内を横断する路線は十分に整備されているが、バイパスとさらに一般に、とくに無視されてきた郊外と市内を結ぶ路線については、非常に欠陥が多い。しかも交通網は、とりわけ交通の要衝において、他の公共空間と同じく、危機状態にある首都のあらゆる困難を集めていることを付け加えておこう。すなわち堕落、犯罪、そして何よりも不正行為であり、それらの日常化は企業を無防備にし、人々は不安感を募らせている。

近郊のバイパスが発展するのを見るには一九九〇年代を待たなければならず、しかもその機会に市街電車が復活する。

最後に、RATPは一九八〇年代末に激しい内部的な動揺を経験する。大規模工事の中止と近年の近代化――情報化によるアトリエと管理サービスの近代化――は、直接輸送と結びつかない活動を脅かす。一九八八年のアトリエにおけるストライキは、企業を麻痺させることによって、大企業の中央集権的で位階的なモデルの限界を露呈する。その直後に就任したクリスチャン・ブラン総裁は、急速な需要の変化により良く対応するために、サービスの権限委譲のための内部改革に着手することを約束する。しかし彼はミニマムのサービスを確立することに失敗し、一九九五年末のストライキは、今もなお組合の背後に結集した公共交通の従業員が、行き過ぎた柔軟性を前にして、フランス社会全体と同様、公共サービスの価値に固執していることを示した。

二一世紀の初頭、交通の地域的な公企業は、第二次大戦とともに始まった長い歴史の所産である国家との関係をたしかに切断しなければならない（しかもEUはこの方向での変化を急がせている）。同様に、この企業は旧いCMPから引き継いだ国家管理された公企業の位階的、中央集権的、さらに軍事的なモデルを放棄しなければならない。しかしにもかかわらず、それは一世紀以上にわたってフランスにおける共和国の不可欠な一部分であった公共サービスの強固な文化と全面的に決別することは出来ない。

注

（1） この点については、とりわけ、*Histoire de la France urbaine*（Paris, Le Seuil, 1983-1985）第四巻および第五巻所収の分担部分を含むマルセル・ロンケオロ（Marcel Roncayolo）の著作と論文を参照。さらにこの問題を対象とする研究状況は、一九世紀以後から現在までのパリ大都市圏における交通と都市開発をめぐる決定の歴史に関する新史料を使った次の著作によって、大きく変わった。Dominique Larroque, Michel Margairaz et Pierre Zembri, *Paris et ses Transports. XIXème-XXème siècles: Deux siècles de décisions pour la ville et sa région,* Paris, 2002, 400 頁。この著作には、多くの参考文献と史料リストがついている。さらにパリの都市交通に関する手書きおよび印刷体の史料に関して、次の史料ガイドを付け加えておこう。Henri Zuber (sous la direction de), *Guide des sources de l'histoire des transports publics urbains en Ile-de-France, XIXème-XXème siècles,* Paris, 1998. この中には Noelle Gérome と Michel Margairaz の執筆による二本の歴史研究と Antoine Prost の序文が含まれている。

（2） Dominique Larroque, *Analyse historique des transports en commun en région parisienne, 1855-1939,* Paris, 1980 参照。

（3） *Métro-cité,* Paris, 1997 参照。

（4） Jean Robert, *Notre métro,* Paris, 1983 参照。

（5） Dominique Larroque, «Transports urbains et transformations de l'espace parisien», *Cahier de l'IHTP,* numéro spécial «La Région parisienne», 1989 参照。

（6） Dominique Larroque, Michel Margairaz et Pierre Zembri, *Paris et ses transports, XIXème-XXème siècles: Deux siècles de décisions pour la ville et sa région,* Paris, 2002 参照。

（7） *Métamorphoses de l'urbaine*, Paris 1987 所収のリヴェイユ Georges Ribeill 論文参照。

（8） Michel Margairaz, *Histoire de la RATP: La singulière aventure des transports parisiens*, Paris, 1989 参照。

（9） D. Larroque, M. Margairaz et P. Zembri 前掲書参照。

訳者注

〔1〕 広義のレジ（公企業体）には、所有権を持つ国家・地方公共団体が、自ら経営を担当する「直営」方式 régie directe と、経営に対する支配権を保持しつつ、別会社に経営を委ねる「間接」方式との二つの形態がある。世紀初頭以来、伝統的な「直営」方式が経営効率の点で欠陥を露呈した結果、民間経営の原理を導入した「間接」方式が、第一次大戦期から影響力を持つようになる。

〔2〕 ダラディエ政府の蔵相レイノーは、一九三八年一一月、反ディリジスム、民間経済重視の立場から一連の緊急令を発表し、物価、信用、労働の自由主義的体制への方向転換を打ち出した。政府支出の削減は、この政策の柱の一つであった。

第4章　占領期フランスにおける対独経済協力とユダヤ人資産の略奪

廣田　功訳

解説

一九八〇年代半ばに新たな段階を迎えたヴィシー・占領期の社会経済史研究は、いくつかの特徴をもっている。第一に、企業を研究対象に据えることによって、マクロ的な観点からミクロ的な観点に重点を移したことである。第二に、この変化と連動して、対独経済協力の実態と評価に大きな関心が向けられるようになったことである。研究の主たる関心は、長い間、統制経済機構の制度的特徴、社会経済政策、政策イデオロギー、さらに「近代化」をめぐるヴィシー期と戦後との関係に向けられてきており、企業に対する関心は相対的に希薄であった。また対独協力の中でも、「経済協力」の実態はあまり知られていない点である。したがって新しい研究動向をリードする立場にあるマルゲラズ氏の以下のテキストは、その問題関心、方法、成果を知るうえで貴重な文献と言えよう。

テキストの本論は、占領期を二つの時期に区分し、両時期についてドイツ側の意図・要求とそれにたいするヴィシー側の協力の動機・論理を関連づけ、ユダヤ人資産の略奪に焦点をあてながら、国家による経済協力の展開を跡づけたうえで、経済協力

について の評価を行っている。また預金供託金庫に関する補論は、企業の経済協力に関するケース・スタディであり、金庫の一定の自立性ないし「行動の余地」と関連づけて、その対独協力の実態を検討するとともに、戦時期における信用政策の革新とそこにおける金庫の役割を明らかにし、企業レベルで戦時と戦後の近代化との関連を具体的に論じたものである。経済協力の問題について言えば、本論がマクロ的な視点から論じているのにたいして、補論はミクロ的な視点から論じており、このテキストを通じて、この複雑な問題の全体像をつかみ、さらに研究の現状を知ることができるようになったことは、非常にありがたい。

ところで新しい占領期研究の起点となったのは、「同時代史研究所」Institut d'Histoire du Temps Présent（IHTP）による「占領下の企業生活」に関する大規模な調査研究である。

この調査は、占領がフランス企業の「選別《セレクション》」をもたらした事実を確認し、対独経済協力が企業活動に与えた影響を解明するという課題を提起することによって、対独協力に関する従来の評価を見直す契機となった。それまで対独協力は政治行動を基準に評価され、イデオロギー的理由からなされた個人（「対独協力者」）の「対独協力主義《コラボラシヨニスム》」

と、戦略・戦術的な理由（占領による強制の緩和、「新欧州」における有利な地位の確保など）からなされたヴィシー国家の「対独協力《コラボラシオン》」が区別されていた。しかしこの場合に用いられた「抵抗か協力か」という二分法は、経済協力を論ずる場合、必ずしも有効ではなかった。経済協力については、個人と国家の協力だけでなく企業の協力が大きな問題となるが、企業の行動を「協力」として一括することの当否が問題となったのである。その結果、(1)イデオロギー的な理由からなされた「経済的協力主義」、(2)「利潤のための協力」という積極的行動、(3)消滅や破産を回避するために状況に適応した「存続のための協力」の三種類の協力が区別され、そのうえで大半の企業の行動は第三のタイプに分類されたのである。

ＩＨＴＰの調査によって切り拓かれた企業の経済協力については、「協力」という表現が選択の自由を意味することを考慮して、「存続のための協力」という概念を「強制された適応」ないし「最小限の適応」という概念に代えることを勧める意見も出ている。(3) つまり大半の企業の行動は、「抵抗」と「協力」のいずれにも分類できない第三の行動類型と見なそうというのである。結局、問題は、企業の「行動の余地」をどのように評価するかであり、言い換えれば、同じ環境のもとで、いかなる理由によって、企業の選択の違いが生じるのかが問題となる。

最後に、以上のような最近の問題関心との関係で、テキストが指摘している注目すべき事実を挙げておこう。第一に、ヴィシー国家の経済協力については、「金融協力」の分野ではフランス資本と略奪されたユダヤ人資本のいずれの場合も、ドイツの支配が限定的であったことを明らかにし、その原因として、占領当局が支配に消極的であったことと並んで、ドイツの「強欲」からフランス資本を守るというヴィシー政府側の意図が働いていたことである。ヴィシー国家の協力の「論理」とともに、ユダヤ人に対する「迫害か擁護か」という二者択一だけに還元できない経済協力の複雑さが、ここに看取されよう。

第二に、預金供託金庫の行動に即して、企業の経済協力の具体例が明らかにされ、金庫の行動に一定の自立性や「行動の余地」が見られることを確認し、さらにその要因として金庫の長期的な「企業文化」に注目していることである。これまで対独協力に関する企業の行動を規定する要因として、経営の構造と機能（オーナー企業か否かなど）、戦前のドイツ経済との関係（市場、カルテル、ライセンス契約、分業関係など）が指摘されてきているが、(4)「企業文化」に関する指摘は、新しい指摘として注目に値する。

第三に、近代化をめぐる戦時と戦後の関係については、預金供託金庫に関して、「貯蓄と通貨の防衛」という伝統的な価値観から、「低金利と生産的投資という新しい宗教」に「改宗」したこと、さらにこの変化を基礎として、戦後に開花する預金供託金庫のイニシャティヴによって中期信用政策をめぐる新たな金融機構の出現が見られたことである。ＩＨＴＰの調査は、すでに戦時期に企業レベルで革新・合理化の活動が展開したこと、その基礎には、戦争によって社会全体で「経済的心性」の根本的な変化（「文化革命」）が生じたことを指摘していたが、テキストはこの事実をあらためて確認するものとなっている。さらに付け加えれば、政策理念の観点から戦時と戦後の連続性を指摘するパクストン・キュイゼルの議論にたいして(5)、ここではこの議論を発展させ、金融機構の創出、心性の変化、政策の担い手と政策実践のという三重の観点から連続性が指摘されているのである(6)。

注

（1）　預金供託金庫とは、貯蓄金庫などを通じて大衆貯蓄を収集し、この資金を国債の購入や公共事業向け貸付に運用する公的金融機関（一八一六年創設）である。この機関の歴史については、矢後和彦氏の研究（『フランスにおける公的金融と大衆貯蓄』東京大学出版会、一九九九年）を参照されたい。

（2） A. Bertran, R. Frank, H. Rousso (dir.), *La vie des entreprises sous l'Occupation*, Belin, 1994. また雑誌 *Histoire, Economie, Société* の特集号（"Stratégies industrielles sous l'Occupation", No. 3, 1992）には、ヴィシー政府の経済政策のイデオロギー的、制度的研究と並んで、鉄鋼、公共土木事業、電力の三セクターおよびフランス石油、ローヌ・プーラン社（化学）の二企業の革新・合理化と「存続」のための企業戦略、フランスにおけるドイツ企業の活動に関する実証研究が掲載されている。

（3） O. Dard, J. -C. Daumas, F. Marco (dir.), *L'Occupation, l'Etat français et les entreprises*, Paris, 2000, p. 436-443. もっともこのような評価は、解放期に粛清を免れるために提示された雇用主弁護論に通ずるとの批判もある。後者については、A. Lacroix-Ritz, *Industriels et banquier sous l'Occupation, la collaboration économique avec le reich et Vichy*, Paris, 1999 参照。

（4） O. Dard, J. -C.Daumas, R. Frank (ed.), *op. cit.*, p. 443-447.

（5） R. Paxton, *Vichy France: Old Guard and New Order, 1940-1944*, New York, 1972; R. F. Kuisel, *Capitalism and State in modern France*, Cambridge, 1981.

（6） 戦時と戦後の関係に関するこのような把握の仕方は、マルゲラズ氏が博士論文で提示した独自の見解である。この点については、本書の「あとがき」参照。

はじめに

一九四〇〜四四年の占領期フランスに関する研究は、ほぼこの二〇年来増加しているが、その理由は公文書の漸進的公開とさらに一般にナチス・ドイツとの協力、とりわけショアー（ユダヤ人絶滅）におけるヴィシー体制の役割に関するフランス社会一般の疑問によるものである。しかし政治史、文化史の研究が飛躍的に発展したのにたいして、経済史を対象とする研究は、若い研究者の最近の研究にもかかわらず、量的に劣っている(1)。

ここでは国家の対独協力というより一般的な問題と関連づけて、特殊性を分析することを試みることによって、あらためて経済・金融協力について考察しよう。その際、この問題と複雑に関連している反ユダヤ的略奪の問題をそれに結びつけることにする。最後に、占領者の側とフランス側の双方の観点から、協力の寄与と限界を評価することにしよう。このためにはまずドイツから課された状況がもたらす強い強制を跡づけ、さらに四〇年夏に対独協力が発生した当初の条件、ヴィシー体制前期のさまざまな試み、次いで体制後期の隷属状態へと順次関心を集中すべきである。

1 ヴィシーと最初の選択――「休戦協定の乗越え」――

四〇年五〜六月の軍事的潰走、集団避難、破壊、原料・エネルギーの欠乏、占領軍の進出、さらに四〇年六月二二日の休戦協定調印後の北部占領地域への占領軍の駐留といった一連の出来事は、民間企業家の姿が相対的に薄くなり、経済管理における国家の役割が逆説的に増加することを説明する。逆説的というのは、ヴィシーのフランス国家が、その新しい立場を弁護するために、全般的な経済弱体化と敵の駐留を同時に利用するからである。

「存在誇示」政策とその代償

ペタン元帥が率いる政府のメンバーは、一九四〇年七月以来、二重の空白、すなわち国家の空白と民間経済の責任者の不在から生じる空白とを恐れる。その結果、彼らは社会的混乱の憶測と、さらに集団避難の際に放棄された企業の暫定管理に関する四〇年五月二〇日づけのドイツの政令によって容易となったドイツの経済的支配とを恐れる。当時、ヴィシー国家の主眼は、北部占領地域に行政的な「存在」を維持することと、ドイツの強欲とともに内部からの政府転覆――もとより憶測にすぎないが――のリスクにたいして防御することであった。

このような条件のもとで、当時の指導者にとって、経済・金融協力は、緊急かつより長期的な動機に対応していた。

長期的には、政治指導者と経済指導者のいずれにおいても、ドイツが戦争に勝利するという確信が広がっていたように見える。しかもこの確信は、四〇年あるいは四一年以後にも続いている。

より短期的には軍事占領の不幸な影響、とくに徴発とストックからの先取りを緩和すること、さらに経済生活にたいして休戦協定がもたらした結果を緩和することが問題である。この結果とは、具体的には、一五〇万人の戦争捕虜の抑留、占領地域と自由地域をほぼ完全に分断する境界線、休戦直後に一日当り四億フランと定められ、すぐに占領当局の一方的な決定によって重くなった「占領費」の支払いを指している（この決定としては、一マルク二〇フランに固定されるマルクの過大評価、フランス企業と直接契約されるドイツ側の発注、フランスのドイツ向け輸出コストをフランス国庫に負担させる清算協定、四〇年五月二七日の命令によって決定された、工業製品の配分をドイツ側の物資調達係に委ねるという脅迫が挙げられる）。四〇年一一月のペタン元帥宛の報告以後、初代工業生産大臣のルネ・ブランは、「仏独協力のおかげで、占領地域の定期的な搾取を避けることが出来た」という事実を賞賛する。(2)

国家による対独協力の特殊形態としての経済・金融協力

まさにこの時、経済・金融協力は、国家の対独協力――これは三〇年ほど前に政治史の研究によって明らかにされた概念である――の主要な手段の一つとして現れる。(3) 物的であれ、金融的であれ、フランスのさまざまな資源は、ヴィシーの指導者が次のように考える数少ない取引手段の一つを示していた。それは休戦協定の条件やすでに深刻な悪影響が及んでいた事実上のドイツ側の措置を軽減するために、さらに多く提供することである。

しかも、ドイツがフランスにたいして譲歩を認めるつもりがまったくないことがわかっている政治的領域と違って、経済と金融は最小限の活動を保証することが必要な領域であった。ヴィシーの初代財務大臣、イブ・ブーティリエは、一九四〇年八月二七日のドイツ休戦委員会代表団長ヘメンとの最初の会談の時から、よく考えればフランスを壊滅させないことがドイツの利益であると、彼に説得を試みることが有益であると考えた。事後的に、彼はこうすることによって、「第三帝国を一つの矛盾に陥れること」を試みようと考えたと主張する。「フランス経済を壊滅させながら、同時にそれを金融的、軍事的な努力に活用することを主張することはできないからである」。さらに彼は、回想録の中で、「休戦条約の乗越えは一九四〇年の敗北直後におけるフランスのドイツにたいする大きな復讐である」と主張している(4)。

さらに、四〇年九月三〇日には、この同じブーティリエが、ドイツ当局にたいして、自由地域においても、フランス産業と契約を結ぶことを提案するのである。

結局、ヴィシーの指導者は、北部地域において行政的な「存在」をたしかに確保する。しかしそれには二重の代償が払われる。第一に、当初占領地域だけに予定されていたフランス側の経済管理のための新しい機関（組織委員会、工業製品配分中央局）の活動が南部地域にも及び、そこでもドイツのための物資供給の取立てが行われることになる。第二の側面は、フランス側の指導者が、とくに物資配分に関して、ドイツ側の構造に倣って産業管理機構を設置しなければならず、それがまたドイツ側の取立てを容易にすることである。

そのうえ、このような関係正常化は、ドイツの対仏政策の相対的転換に呼応している。ドイツの政策は、略奪と徴発を数週間行った後に、ヘメンがリッベントロップから受けた指令が確認しているように、駐仏ドイツ軍司令部と帝国外務省の影響のもとで、とくにドイツの戦争努力へのフランス全体の経済的・金融的統合を含んだより合理的な搾取に変化した。とはいえ合理化はあくまで相対的にとどまった。徴発政策は全面的に停止してはいないし、ドイツ側のさまざまな相手（国防軍、トッド機関、ドイツ国鉄、労働戦線、購入局、さらに化学、冶金、機械の大企業）は、フランスにたいし同一の政策を採用するにほど遠いからである。

2　ヴィシー前期（一九四〇年七月～一九四二年四月）
――「建設的協力」の無駄な追求――

一九四二年四月のピエール・ラヴァルの復帰まで、さまざまな政権、とくにダルラン政権は、蔵相のイブ・ブーティリエとジャック・バルノー、工業生産相のピエール・プシュー、フランソワ・ルイドゥー、ジャン・ビシュロンヌとともに、対独経済・金融協力の政策の遂行を試みるが、その結果は、四一年末に、当時のアクターにとってまったく無価値に見えた。

対独通商協力とその限界

しかし国家機構のさまざまな内部メモは、この時期に及んでもなお商業的・金融的協力を正当化している。一定の条件のもとでは、この協力は有利と見なされている。財務省対外金融局や仏独経済関係代表部のように、国家の経済管理機関が、フランス企業とドイツ側輸入業者の間を仲介する役割を担うが、その目的は対独協力を統一し、とくに虚しい願いに終わる「全体交渉」[1]の際に「見返り」を獲得することであった。ドイツ側の注文の生産に必要な原料の再補給を獲得し、代用品の引渡しを確保し、契約において相対的な金融上の均衡を享受することを条件として、フランスの指導者はドイツ側の注文増加が、「ドイツの組織化の努力と技術的経験」（ルネ・ノルゲ）[5]を利用する好機であると見ていた。

しかし一九四一年末になると、指摘された最小限の条件、とりわけ原料・エネルギーの再補給が、非鉄金属や石炭を中心に保障されないことが明白となってくる。鉄、ボーキサイト、アルミニュウム、航空機など、戦略的と判断された主要な生産物の場合、ヴィースバーデンとパリで行われたトップ交渉は、フランス側市場には何とか生き残れるだけのわずかな部分しか残さない、本当の強制的注文に帰結する。とはいえこのことは、部分的あるいは全面的にドイツの発注を享受する企業――これは原料・エネルギーの優先的補給の対象となり、さらに有利なことに、国防軍軍備局から直接補給を受ける――とそれ以外の企業の間に二重構造の経済を生み出す原因となる。

フランスの企業家の観点から見ると、いくつかの重要な動機――これは解放後の粛清裁判の際に頻繁に繰り返された主張である――が、通商協力の受入れや追求の説明となる。それは占領地域における徴発と南部地域における経済的麻痺状態にたいする恐怖、縮小しても企業活動を維持しようという関心、さらに事後的に公言しにくくなる動機であるが、将来平和が到来した時にドイツ企業が支配する市場で相手にされないことがないようにドイツの発注を受けておくことである。

金融協力とその失望

ドイツ側の一部責任者の発言――とくに「われわれはすべてのことに関心がある」というドレスデン銀行の一重役の繰り返し引用される発言――にもかかわらず、フランス資本にたいするドイツの支配は体系的ではなさそうだし、全体として大規模にも見えない。われわれの試算によれば、一九四二年初頭の累積総額は四〇億フラン以下であり、これにた

いして、通商「契約」は七〇〇億フラン以上、占領費や仏独清算制度のための支出はおよそ二六〇〇億フランに達している。(6)

ヴィシーの当局者たちは、原則的に金融協定の締結に反対の態度ではないが、それを二重の条件のもとに置こうとした。すなわちそれが「見返り」をもたらすこと、さらにそれが仮定上の「全体交渉」の中に位置づけられることである。国家機構の内部において、財務省在仏外国権益課――外国とはドイツを指すが――、さらに四一年二月以後は仏独経済関係代表部が、金融協力の管理と一貫性を保障するために形成される。

金融協定の適用には、いくつかの段階が区別されよう。

まず、四〇年一一～一二月のラヴァルの段階が最初のやり方を示す。ラヴァルはユーゴスラヴィアのボーア鉱山のフランス資産とアバス通信社の「広告部門」を一方的に譲渡する。これはまったく見返りをともなわず、それぞれゲーリングとアベッツに気に入られるための行動であった。それは束の間のものに終わった。

次に、四一年初頭のブーティリエの段階である。彼はドイツ支配下の遠隔地に立地しているために近寄れない企業のフランス出資分を譲渡することに同意する。たとえばステウア・ロマナ、コンコルディア、コロンビアのようなルーマニアの石油会社、トレファイユ炭田、ノルウェー窒素、さらにチェコ・ポーランドの多数の企業（バンスカ・ア・アトニ）などである。これらはすべて、外国債の購入と引き換えに譲渡された。フランス国内においても、ドイツの資本参加は限定的なことが示されている。それはとくに出版産業（ドノエル、ソルロ、さらに後述する「アーリア化された」（企業）ないし情報産業にかかわっているが、この場合、経済的というよりも宣伝上の動機が関係していた。バイエルに譲渡されたテラプリ、ムムに譲渡されたシャンパーニュ酒造会社などの断片的なケースも同様である。よく知られているのは、仏独合弁資本で新設された若干の企業、すなわちフランカラー、フランス・レーヨン、アンベール・ガス、フランス液化燃料などである。これはドイツの化学企業の覇権と一九一八年（ヴェルサイユ条約）にたいする彼らの復讐の意図を反映している。

一九四二年前半まで、アルミニュウム、化学、ゴムのフランス人実業家は、金融協力に反対ではなかった。彼らはまずそこに将来のドイツ支配下のヨーロッパにおいて強固な地位を確保するための手段を見出す。しかし多くの場合、交渉は、金融的取決めをめぐり、とりわけ戦後のドイツ企業への対等の参加というフランス側の要求をめぐり失敗した。一九四二年三月、ヘメン[2]はこの点について明瞭に指摘している。「軍人たちには理解出来ない。それは戦後に交渉することだ」[7]。

ヴィシーの政治当局者たちは、これらの実業家間の交渉を二重の目標に調和させようと試みる。第一に、ドイツ支配下の企業への対等の参加であれ、あるいは将来のドイツ支配下のヨーロッパにおける市場に関する保障であれ、例の「見返り」を獲得することである。第二に、ドイツ資本が五一％を占めるフランカラー社の場合を唯一のケースとし、他の場合、フランス資本に過半数の持分が留保されるという事実を確保することである。

反ユダヤ略奪の特殊ケース――アーリア化――

一九四〇年一〇月三日に反ユダヤ的差別の政治的措置が、フランス国籍であれ外国籍であれ、約三〇万人のユダヤ人にたいして、ヴィシー政府によって一方的に適用された。しかし経済と金融の分野においては、四〇年九月からドイツ側の提案で導入された政令だけに活動を任さないために、ユダヤ人差別、さらに四一年四月以後は、ユダヤ人資産の経済的金融的略奪を行うフランス側の法律が施行された。これとともにユダヤ人問題総監督庁CGQJという反ユダヤ主義政策専門の役所が設立されたが、もとよりこれは共和国の伝統とはまったく無縁のものであった。「経済におけるユダヤ人の影響を完全に排除すること」が、まさに問題となるが、それがフランスの行政手続きにしたがって行われるのである。企業――大小を問わず――、不動産、金融資産（証券、銀行口座、金庫など）がその標的となる。一九九七年から二〇〇〇年にかけて調査を行ったマテオッリ委員会は、この略奪について初めて会計総括を提出し、いくつかの部門について、最近の研究がそれを分析した。(8)

占領当局の強欲のなすがままに放置しないために――ドイツの統制下ではあるが、フランスの――中央集権的で大規模な金融行政機構が、一九四一年後半からいわゆる「アーリア化」の政策を実施した。この結果、一九四一年から四四年にかけて、以後その所有者の手に届かなくなる五万以上のさまざまな資産（所在地の八〇％はパリとセーヌ県であった）の記録が提出される。最終的な資産略奪手続きは複雑であり――ヴィシー当局者の側が集権化と管理に関心を持ったことによる――、ドイツ当局の認可を必要とした。企業や不動産の場合、何百人もの暫定管財人のかなり粘り強い仕事にもかかわらず、一九四四年八月のヴィシー政府消滅時点までに、実際に「アーリア化」された資産――「アーリア人」に売却されたか清算された資産――は、平均すると約三分の一（二万件以下）にすぎない。しかしこの結果は、占領の期間が（相対的に）とくに短かったことだけに起因しており、そうでなければ結果はもっとずっと大規模になっていたであろう。

ユダヤ人資産の扱いには、場所によって（セーヌ県の場合、資産の半分は実際に「非ユダヤ化された」が、南部地域でははるかに少ない）、また資産や所有者の型によって、相当の違いが見られた。

企業だけに限定して図式的に言えば、資産略奪は、きわめて異質で、対独協力の観点から見ると互いにまったく無関係な立場に置かれた二つの型の住民を違った形で襲っている。略奪を受けたユダヤ人の大多数――セーヌ県でおそらく五〇〇〇人以上、占領地域全体では六五〇〇人以上――の場合、彼らの企業はしばしば小企業か零細企業であったが、売却ではなく直ちに、整理されている。この原料不足の時代においては、それらはヴィシー当局の政治と行政の責任者によって、経済的に利益がないと見なされたからである。そこには仕立て業、帽子製造業、皮革加工など、たくさんのパリの小職人が見られ、彼らはしばしば外国人（たとえ三〇年来フランスに生活し妻子・子供がいても）、ポーランド、ロシア、ルーマニア系などのユダヤ人であり、その多くは四二年の一斉検挙と死の収容所への移送を生き残ることはなかった。フランス人自身が、反ユダヤ的、さらに非常に反外国人的な過激な略奪政策を徹底的に行うことを確認した時から、ドイツ当局者は、彼らに関心をもたなくなる。しかもこの政策は、このような社会的、金融的に恵まれない住民を弱体化させることによって、のちの彼らの絶滅を事実上容易にしている。ヴィシーの指導者に、このような思惑が欠けていなかったとしても、提供された協力にたいしてドイツ側の見返りがあったとは思えない。

より大規模でしかも裕福であり、たいていはフランス人で社会に統合された企業家であるもう一つの住民の場合、一般に彼らの企業はアーリア人の買手に売却される。この場合、再び金融協力の問題が生じる。このような儲かる一部の事業（ギャラリー・ラファイエット、アンドレ靴店、ギャラリー・バルベス、若干の大中の銀行）にたいするドイツ側の強欲を前にして、ヴィシー当局は反ユダヤ略奪の原則について少しの動揺も示さないが、フランス人購入者に売却するか、もしくは例の「見返り」と引き換えにドイツ系アーリア人への譲渡を交渉しようとする。四一年四月末の省間会議の際、略奪されドイツ側から渇望されていたユダヤ人有価証券について、主要閣僚たちは、当時の工業生産大臣ルイドゥーによって表明された「建設的対独協力」という思想に同意する。その結果、仏独間の議論は時々厳しいものとなり、それが手続きを遅らせ、延期させる。そのために一九四四年八月時点で、資産略奪関係書類の処理の実質的な完成が効率の悪さを示すことになる。

フィリップ・ヴェレイドとジャン・マルク・ドレフュスの最近の研究によれば、フランス当局は、フランス国籍のアーリア人の買手に譲渡することによってこの略奪ユダヤ人資本の「フランス人」的性格を守ることにしばしば成功しており、したがって、結局、アーリア化の過程へのドイツ側の浸透は限定されたように見える。これらの略奪されたユダヤ人所有者はまた、より恵まれた社会的、金融的な支えのおかげで、一般に高い割合で生き残り、戦後、さらに資産返還の恩恵にも浴した。

したがって、結局、フランス資本一般に関するにせよ、略奪されたユダヤ人資本に関するにせよ、ドイツ側の侵入はわずかであった。これには明らかに二つの要因が、同時に関係している。

第一に、ひとたび国庫によって支払われる「占領費」（当初一日四億、次いで三億、さらに四二年一一月から五億）という毎日の貢物が保障され、それが何でも安価に購入することを可能にするならば、ドイツ人自身が日々の生産から直接奪い取ることをはるかに好んだことである。彼らは、資本に関する複雑な交渉が戦後のための見返りをもたらす可能性を恐れ、それに巻き込まれることにたびたび躊躇を示した。ドイツ側の発注総額は、おそらく占領を通じて獲得されたドイツ資本の出資分を一〇〇倍近く上回る金額に上るであろう。

次に、ヴィシーの行政と政治の責任者の方は、とくにドイツが支配する将来のヨーロッパという展望が維持される中で、本当にフランス資本を擁護した。この場合、他の領域と違って、彼らは「盾」として機能した。ドイツの金融的支配にたいする彼らの「抵抗」は、国家による対独協力のもう一つの面をよく示しており、またドイツの勝利を望むことによって、それは対独協力に反対するレジスタンスとはまったく無縁のものであった。そして一九四二年四月、ダルラン政府が潰れる時、「建設的な対独協力」の希望が裏切られるとしても、このことに変わりはない。

いずれにせよ、ドイツ側の発注の割合が増加していった結果、公式には平和の状態にあるフランスは、経済的・金融的にますます戦争に巻き込まれていった。物資不足状態の国家管理経済のもとで生産に必要な物資を確保することは、ドイツ側の販路の寄与に大いに依存する。在仏ドイツ軍司令部がフランス経済の指導的機関をコントロールしていたことは、この過程を容易にした。そして「存在誇示」政策がいくぶん略奪に歯止めをかけたとしても、それは逆に非占領地帯の資源の一部をドイツ経済の要求に統合することを可能にした。四二年春、第三帝国が本当に戦争経済に突入する時、統合におけるもう一つの段階が生じる。

3　ヴィシー後期（一九四二年四月～一九四四年八月）
――増大する拘束と戦争経済における統合――

ベルリンにおける真の戦争経済突入は、フランスにとって物的資源と人的資源の両方について搾取の強化を意味する。それはヴィシーにおける政権交代に符合している。ドイツの圧力を受けた四二年四月のピエール・ラヴァルの復帰は、最後までラヴァルにたいする忠誠をとどめるビシュロンヌを除いて、ブティリエとダルランの仲間の辞職（ピュシュー、ルイドゥー、次いで四二年一一月以後、バルノー）をもたらす。以後、第三帝国は、とくに労働力に関して、激しい圧力を行使する。もはや対独協力は問題になりえない。なぜならば、フランス側が駆け引きを行う余地は、ほとんど消滅するからである。艦隊と植民地帝国というフランスの数少ない切り札の二つが消滅する四二年一一月以後については、なおさらである。帝国の努力を最後まで支援することを受け入れるラヴァルは、四二年六月二二日、ただフランスの側が戦争に参加することだけを排除しながら、「ドイツの勝利を希望する」ことを表明し、属国と化したフランスにたいしてますます強まる要求に直面して退却戦を展開する。

矛盾するドイツの政策の争点としてのフランス人労働力

四二年二月、フリッツ・トッドの死によりアルベール・シュペーアが軍備・軍需生産大臣の資格で任命されたことから、ベルリンにおいて決定的要因が生じる。四二年四〜五月から、彼は省内に中央計画庁、計画局軍備課を統合し、国防軍から軍備司令の指導権を取り上げるが、このことはフランスにおいては、ドイツ軍のために活動する企業にたいする支配を意味する。

この若い大臣の権力掌握はフランスでも示され、それは在仏軍司令部と休戦委員会を犠牲にして行われる。しかしにもかかわらずフランスでは、トッド機関、計画機関、突撃隊、物資購入機関のようなほかの機関は依然として活動を続ける。そしてとくに、四二年三月、フリッツ・ザウケルがヒトラーにより被占領国全体の労働力総監に任命されたことは、とくにフランスにおいて、シュペーアの活動を複雑にする。

フランス人労働力の移送は、その時まで限定されていたが（四二年六月にドイツにいるフランス人労働者は五万人以下である）、帝国に向けた労働力移送の四つの「活動」を次々と行うザウケルの粗暴で偏狭な政策によって増加する。そのうち最初の二つだけが効果的であった。ラヴァルによって「考案」された（戦争捕虜と労働力の）交代制度が不十分であったことは周知のことであるが（熟練労働者は一万六八〇〇人しか出発せず、一〇〇〇人の戦争捕虜しか帰還しなかった）、四二年一二月には、二四万人の労働者が確保され、さらに四三年第一四半期には二一～二三歳の青年男子にたいする強制労働徴用の確立によって、二五万の労働者が送られた。

かくして四三年夏、フランスは物的資源――フランス産業は当時平均で四〇％、自動車、航空機など、一部の機械工業のような基幹的部門では八〇％まで、ドイツ側の軍民の要求のために活動している――とさらに今後は人的資源を供給する主要な被占領国になったように見える。この頃、ドイツ現地で労働に従事する一〇〇万の戦争捕虜に、強制労働徴用の五〇万（ドイツの自由な外国人労働者の四人に一人がフランス人であった）、さらにフランス国内でドイツのために働いている一四〇万人の労働者を加えると、フランス人の工業労働者の二人に一人は、第三帝国のために生産していることになる。

現地での搾取の合理化とフランス経済の統合

一九四三年春の終わり頃、ドイツのために働く外国人労働者を彼らの国に置いておこうとするシュペーアと、移送対象となる住民の拒否がますます増加しているにもかかわらず、彼らを第三帝国に移送し続けようとするザウケルとの対立において、ヒトラーはシュペーアが正しいと考えているようであった。しかし総統はこの対立に決着をつけず、とくにフランスでは二つの政策が矛盾をはらみながら、並行して追求される。一九四二年から、あるいはそれ以前からも、駐仏ドイツ軍司令部の政策は、現地でドイツのために活動する企業と労働力を優遇することであった。一九四三年九月には、シュペーアと工業生産大臣ジャン・ビシュロンヌの間の口頭の合意によって、「S企業」あるいは「シュペーア企業」と呼ばれる保護企業の新たな分類が設けられ、そのおかげでフランス人労働力にザウケルの労働力徴用を免れる真の聖域を確保することが可能になる。ザウケルの最後の二度の「活動」は、このせいで中途半端に終わる（一九四三年八月には六〇万の要求にたいして一二万人が、また一九四四年初頭には五万人が確保されたにすぎない）。この結果、すでに（保護企業の指定を受ける）「Ｒｕ－企業（Rüstungs-betriebe, 軍需企業）」、「Ｖ－企業（Vorzugs-betriebe, 優先企業）」に分類されていた一九七〇の企業に、四四年までに新たに約一万三千の「Ｓ企業」が加わるが、これはドイツ向けの活動がもっとも高い部門（鉱山、冶金、航空機、自動車、造船、鉄道、エネルギー、化学、電機、セメント）で働く約一〇〇万人の労働者に相当している。しかもこの数字は、国防軍とトッド機関によって大いに要求された建設・公共事業を含んでいない。さらにビシュロンヌと工業生産省は、ドイツの民需用消費財（繊維、靴、小型機械など）の供給源に転換することによって、フランスの生産をドイツの戦時経済に統合することを受け入れる。

このようなより合理的な搾取政策は、占領者にとって効率性の改善に帰結するが、しかし一九四三年後半から、それは爆撃、レジスタンスのサボタージュの強化、交通と経済の混乱によって相殺される。この政策は、以前の（非合理的な）政策の追求を妨げないし、さらに連合軍のノルマンディー上陸後に戦闘が再開される時には、略奪や工場設備の撤去が再発することを妨げるものではない。

おわりに

対独経済・金融協力の問題を検討することによって、この三〇年来よく知られるようになってきた国家による対独協力の全体に関するいくつかの特徴を明らかにすることができた。しかし経済・金融協力により固有の特徴もまた浮き彫りになっている。ここでは以下の三点を指摘しておこう。

第一に、経済・金融協力がおそらく占領者の期待がもっとも大きかった分野であるということである。フランスは、第三帝国にとり、飛び抜けて大きな利益をもたらす被占領国であった。おそらく自分の役割を誇張するために過大評価されているであろうが、ヘメンの計算では、被占領国に課された財政的貢献の全体に占めるフランスの比重を評価すれば、徴収総額の四〇％近くに達する。低めに修正したとしても、これは驚くべき数字である。しかもすでに述べたように、一九四三年には、フランスの工業生産の四〇％近くがドイツ向けに活動していた。またドイツの戦争遂行のための労働力の供給が、仏独両国においてさまざまな身分規定のもとに行われ、工業部門のフランス人労働者の二人に一人近くの割合を占めている。

第三帝国の指導者は、政治に関してフランスの貢献をほとんど期待していなかったが、他方、彼らにとって、農産物、工業製品の供給、金融的・通商的搾取、さらに労働力の移送は、休戦がもたらした恩恵に見えた。

第二の点は、第一の点に関連しており、経済・金融協力は、たしかに国家の対独協力に属するが、むしろ技術的な協力の側面をもっているということである。すなわち、ドイツの責任者たち――ナチ国家のトップではないが――は、フランスの工業生産と労働力を最大限活用することを任務としているが、そのためには被占領国フランスの市民生活が機能する最小限の余地を残さなければならなかった。このことから、とりわけいくつかの死活的な分野について、フランス側の責任者は、占領者が、非常に限定的であれ、フランス人住民の欲求をある程度理解しているという印象を抱くことになったのである。

最後に、国家の責任者たちは大きな信用失墜を被ったが、粛清が政治的側面に偏り、さらに経済・金融の要職の存続が不可避であったおかげで、公的な経済・金融エリートは、解放時に大規模な「構造改革」がともなったこともあり、対独協力の中でももっとも問題がある疑惑を部分的に免れることになったのである。

補論　戦時財政政策と反ユダヤ的略奪政策における預金供託金庫の役割

占領期における金庫の活動を規定した要因

戦時期に預金供託金庫がたどった経過が示す特異なエピソードの歴史的重要性を浮き立たせるために、若干の補足的な指摘をしておこう。まずわれわれの師たちと同じく、三つの時間のレベルを区別することにしよう。すなわち、戦時状況という短期の時間、さらに一八一六年の創業以来実践と伝統の積み重ねを通じて形成された、この企業の文化とも言えるものを表わす長期の時間、最後に二〇世紀の前半と後半の交点における公的金融機関の実践と構造という中期の時間である。

占領期という暗い時代に、預金供託金庫は、経済的政治的状況がもたらすとくに重い拘束を逃れられない。一九三九年九月から一九四五年五月までの時期の主要な切れ目は、たしかにとくに金庫だけにかかわるものではない。とはいえ、若干の特別なエピソードは、この企業に特徴的であり、ここで想起するに値するものである。

その前に、最初の特徴を確認しておかなければならない。それは困難な選択をともなうこの短期の例外的な期間において、企業自体とその総裁を分離する必要があるということである。公的、半公的金融機関、さらに商業銀行のような私的金融機関が採択する政策は、概して、まず何よりもそれらの主要な指導者の個性に依存している。(9)にもかかわらず、預金供託金庫の場合、フランス銀行、クレディ・フォンシエ、クレディ・ナショナルなどの私的機関や半公的機関にならって内部構造がきわめて位階的であり、トップへの権力の集中も強かったために、総裁の選択が企業の活動に大きな影響を及ぼしたのである。

また、すでに一八一六年に保障されていた金庫総裁の人格的独立が、一九世紀末に強まっていたことを想起しよう。総裁は監査委員会の前で宣誓し、とくに金庫の不可侵性を維持するように配慮することを約束するならば、監査委員会の意見に従う義務もないし、彼らの忠告に服従する義務もない。逆に、彼は委員会の信頼を必要とする。しかし議会が休会であった一九四〇～四四年の期間、議員、司法官、上級官僚から成る委員会の三者構成の均衡は、官僚側に有利な形で破壊されていた。そのうえ、実際には、隔月で開催される監査委員会の議論には、ほとんど発言しない議長ルシアン・ラサールのほかには、金庫事務総長モーリス・シャス、金庫総裁アンリ・ドロワ、およびフランス銀行総裁イブ・ブレアール・ドゥ・ボワサンジェル本人もしくは代理人の副総裁ルネ・ヴィヤールしか参加しないことも稀ではなかった。委員会の考察と意見の大半は、事実上、金庫とフランス銀行の間で結ばれた協定の帰結のように見え、しかもそれは当然財務省の合意を得ている。周知のように、金庫とフランス銀行の指導者は、財務大臣イブ・ブーティリエ（一九四二年四月まで）の側近のように見える。ブーティリエは、フランス銀行総裁を一九四〇年八月に任命し、さらに一九四〇年七月以来アンリ・ドロワを財務副大臣並のポストにつかせ、それは一九四三年二月まで続く。したがって委員会は、国民代表制——しかも停止されていた——にもとづくコントロール機関というよりも最上層部における行政、通貨、財政の協議の場となる。

たしかに、総裁アンリ・ドロワは、戦後、金庫総裁と財務省の要職という自らの二重の任務について、基本的に技術的な性格を想起させ続けた。しかし彼が、「占領費」負担の引受けと、物価・所得の厳格な統制によるフラン防衛を含むあらゆる政策の局面で、財務大臣の名において、どれほど政府の財政政策を擁護したかを判断するためには、毎週開催されたフランス銀行理事会における彼の発言を読めば十分である。これらの決定は、このようにして支出された金額を預金供託金庫の主要な資金供給源である貯蓄金庫を含む国庫の「資金回路」に還流させるためになされた。おそらく、一九四二年四月以後、さらに一九四三年初頭には、財務省を離れて金庫に専念するだけになおさらであるが、彼に帰属する任務は、どちらかと言えば技術的な執行のように見える。

しかしこの変化は、彼自身の意図とは別の二つの基本的な理由によっても説明される。第一に、重要な選択は一九四〇年夏になされ、それらは一九四三年に占領当局によってさらに重い負担が課されたにもかかわらず、その後も維持されていたことである。次に、ピエール・ラヴァルが、一九四二年四月の政権復帰以来、貯蓄、財政、通貨にかかわる決定を含めて主要な決定の責任だけを負うことを望み、その結果として、財務大臣を含む他の責任者に執行の任務だけを残すに至ったことである。

したがって占領の変動の中心にいながら、アンリ・ドロワは、金融分野の主要な上級官僚、すなわちたとえばユダヤ人弾圧の責任を負う人々に比べれば、微妙な任務にさらされてはいない、公的金融業者と呼び得るような人々と何ら区別されるところはない。仲間たちと同様、彼は、情熱と能力を持って、一九四〇年の休戦当初の選択を支持し、一九四一～四二年の国家の金融的な対独協力に積極的に参加し、次いで拘束のもとで増していく対独協力の困難を体験し、さらに一九四三年春からはアルジェで展開されている（レジスタンス勢力の）活動を聞き、かつ将来の復興に対する関心を抱きながら、慎重な態度保留の中に閉じこもる。財務大臣官房のメンバーであったジャック・ドゥ・フシエが回想録の中でかなり正確に指摘しているように、彼が一九四二年一一月の頃の「曖昧な状況」に言及する時、当時実施された財政政策は、「状況によって命じられていた。占領負担の削減を獲得しようと試みること、〝資金回路〟を機能させインフレを抑えるように、ドイツの支出によって流通した資金を公的金庫の中に還流させようと努力すること、一部のフランス企業――とくにユダヤ人企業と呼ばれた企業――にたいするナチス利権屋の欲求を抑えようと試みること、こうしたことは公然たる対独協力の立場をとる政府に属する場合を含めて、いかなる経済・財務大臣にも避け難いことであった」[10]。ここで今一度、反ユダヤ主義的略奪は、まず、さらにただドイツの脅威として見られていたことを確認しておこう。要するに、総裁の行動は、おそらく仕方なくなされたであろうが、わずかとはいえ、彼の行動の余地が皆無であったわけではない。

預金供託金庫とその活動について言えば、他の金融機関の場合と同様、戦争・占領の状況がもたらす拘束、すなわち市場の逼迫、物資補給の困難、信用業務の減少、さらにより一般的に豊富な資金にたいする使い道の減少――その主要なはけ口は、基本的に国家にたいする債権となる——といった拘束を受けねばならなかった。

しかも預金供託金庫の政策の分析は、別の企業や事業体の場合と同じく、対独抵抗か対独協力かという基準によって、解釈することは出来ないであろう。これは専ら個人あるいは集団の政治的参加に適用される表現であるから、不適切であることは明らかである。(11) おそらく金庫の中にも抵抗派は存在したであろう。しかしそれは主要な指導者やスタッフの多くの部分にかかわることではない。この点では、金庫は、企業内の労働者・幹部職員の比較的高い割合が、一九四三年以後、公然たる抵抗活動に参加したＳＮＣＦのような企業の場合とは異なっている。さらにそれは財務省の中央官庁とも同一視されえない。この場合には、少数とはいえ、著名な抵抗派として知られた上部の一部の責任者が、その模範的行為によって、上級財務官全体——若干の極端なケースを除いて——を免責させ、解放期の告発と刑罰を軽減させることに大いに貢献した。しかし金庫の指導的スタッフも、解放期の対独協力派粛清の時に、厳しい処罰を受けずに済んだのである。

要するに、金庫は、総裁ドゥ・ボワサンジェルと第一副総裁ルネ・ヴィヤールが解放の数日前（前者の場合）と数日後（後者の場合）に停職となり排除された——彼らはのちに正式に復職を認められるとはいえ——フランス銀行のケースと、職務にとどまった局長たちとアルジェ（自由フランス）や国内レジスタンス出身の若干の新規入省組みの融合が、数カ月間かけてゆっくりと行われた財務省のケースの中間に位置するのである。

一九四四年秋にアンリ・ドロワを待ちうけた運命がもたらす微妙な結末は、この中間的位置をよく示している。告発の対象となったすべての上級財務官僚の場合と同じく、重要な決定は、解放前に財務省事務局長に任命され、次いでボワサンジェルの停職後フランス銀行総裁に任命されたエマニュエル・モニックによって、さらに一九四四年一一月以後は財務大臣ルネ・プレヴァンによって、周到に準備されたものである。再びジャック・ドゥ・フシエの証言によれば、ルネ・プレヴァンは、友人ドロワのケースについて、一九四三年春に、「おそらくいくぶん不当であるというリスクを冒してでも、裏切り者にたいする階級的連帯という疑いをかけられることを避けるために、その時が来れば、厳格な粛清の措置が望ましいと判断していた」、と彼に打ち明けたと言う(12)。しかし前述のフランス銀行の二人について告発の厳格さが確認されるのと同様に、高等法院で不起訴決定を受け、財務省名誉判事によってあらゆる告発をそそがれたアンリ・ドロワについては、寛大さが支配する。解放期に受けた軽い打撃によって、彼は都合よく金庫から排除され総裁職を辞任したとはいえ、クレディ・フォンシエ総裁に任命され、その結果、復興期に増大する公的金融機構の活動に参加し続ける。この過程では、財務監察部に所属することによって強められた職業的連帯が影響を及ぼした。しかし占領末期の戦後復興のための金融構想における活発な役割、レジスタンスの活動との接触、そしてとくに一九四三年二月に財務省を離れたことが、彼に有利に働いた。さらにフランス銀行のボワサンジェルとヴィアールにたいして向けられた重大な非難は、ルネ・プレヴァンが一九四三年初頭にドロワにたいして、彼が財務大臣周辺で占めていたポストを非難したように、フランス銀行の中で行使された責任とは別の政治的責任に向けられたものである(13)。

このエピソードを除けば、金庫は、他の大半の金融機関と同様、その構造とサーヴィスの両面において、一九四四年八月の解放の政治的断絶からほとんど影響を受けていない。要するに、占領の変動は、他の機関の場合と同じく、金庫に押しつけられたものであった。一九四一～四二年には、金庫は国家の対独金融協力に大いに関与しているが、それは重要な政策上の革新を生み出すことにならない。フランス企業、とくにユダヤ人資産から生まれた企業の株式を取引所で活発に売買する政策――これは金融市場の調整の試みに貢献する――は、一九三〇年代に開始された政策を引き継いだものにすぎない。さらにこの政策は、略奪政策の中心的で決定的な柱のように見えるが、預金供託金庫の通常の活動と急速に混ざり合う。休戦および国家の対独金融協力の選択は、根本的に、以前から開始されていた習慣的な政策によって吸収されたのである。

逆に、一九四三〜四四年は、重要な金融的革新が行われた期間である。クレディ・ナショナル、クレディ・フォンシエ、さらに国庫との協力のもとで行われた中期信用「流動化」の手続きの確立において金庫が果たしたパイオニア的役割を確認することが可能であり、しかも金庫は、今後、その中に決定的メンバーとしてフランス銀行を引きずり込む。一九四三年は、この観点から見ると、のちの一五年間の信用政策にとって、重要な転換点となる。

金庫の「企業文化」と行動の余地

創業以来この企業の中で徐々に形成されてきた内部的な文化に照らして金庫の活動を明らかにするならば、占領の状況とともに再び盛んとなる、強固に根づいた行動様式の活発な役割を確認することが出来よう。かつてフランソワ・ブロック゠レネが『金庫一五〇年史』への「あとがき」の中で指摘したように、金庫は、一八一六年以来、「公的信頼」というモットーを高く掲げてきた。創業以来、それは国家の金融的利害と債権者である貯蓄家の利害にともに奉仕するという、常に両立が困難な二重の至上命令に従ってきた。そこから「両義性《アンビヴァレンス》の文化」と呼ばれ得るものの成熟が生じる。一八一六年法は、金庫の創設によって、「貯蓄家にたいして国家がうまく振舞うように強制する任務を国家と貯蓄家の間の仲介機関に」(14)委ねたからである。さらに第三の至上命令、すなわち金庫自身の金融的利害を付け加えることが出来るが、それはとくに一九三〇年代以来、貯蓄家の利害と区別される傾向があった。この点については、のちにあらためて論ずる。それは金庫にとって、預金者の擁護と並んで、国家の観点と自立性にたいする関心を結合することを意味する。金庫が、一八四八年、一八七〇～七一年、一九一四年にすでに政治的、金融的危機を経験していた――このことは一九四四年四月に私立政治学校で行われた講演でアンリ・ドロワによってあらためて想起された(15)――ことは疑いない。これらの危機の際には、国家と国庫の利害を守ることが優位に立ったのである。アンリ・ドロワは、おそらく慎重にも言及していないが、一九四〇～四四年の期間は、たしかにこうした一連の危機の中に含まれよう。ヴィシー政府にたいするあらゆる公的・私的金融機関――フランス銀行と商業銀行のことを考えてみよう――の愛国的動員を前にして、その時の不幸から金融と通貨を守るために、金庫は状況の拘束から逃れられず、それまでの危機の場合と同様、自立性に関する敏感さを停止させないわけにはいかなかった。

このような両義性の文化が、国家の優勢な利害にとって有利な不均衡を被らざるを得ないことは、当時ほとんど避け難いことである。事実上の独裁体制であるこの時代には、それは体制が行う選択を否応なく支持し、苦楽をともにすることを意味する。それは占領負担の約三〇％に信用インフレーションを制限するために預金供託金庫の資金を利用し、「資金回路」を閉じるために、この資金を国庫の中に規則的に還流させることである。しかしそれはまた、当時金庫の責任者たちが正当化したように、「国益」を理由として、略奪政策と国家の対独金融協力政策のために、金庫の行動の速さ（国庫に比べた場合）、資金力、専門的知識、さらに相対的な慎ましさを利用することを意味している。これは要するに、ドラマティックな状況のもとでは、国家の補足的機関という伝統的な役割を演ずることを意味する。このようにしてフランス銀行や半公的機関と同様に、金庫は、アルザス・モーゼルにおいて活動する特別ケースを除けば占領当局と関係を結ばずに、対独金融協力のための国家の不可欠な機構の一つとなる。

とはいえ、金庫は、国家との共謀において、いささかも「中立的な機構」として働いたわけではない。その指導者たちは、たしかに限定されてはいたが、それでも現実に行動の余地をいくらか保持している。略奪の問題から外れるが、関連しあう四つの事実を通じてそれを確認することが出来る。

第一に、両義性の文化は、金庫の指導者たちがこの企業自身の金融的利害を同時に擁護することを妨げなかった。かくして、「国益を理由に」、財務大臣が所有権を喪失したユダヤ人資産にもとづく有価証券の取得や（占領当局がユダヤ人団体に課した）一〇億フランの罰金支払いに加わることを金庫に依頼する時、金庫はそれに従うが、購入価格について最大限の引下げを獲得するために、国有財産管理局と粘り強く戦う。さらに、一九四二年三月から四月にかけて、財務大臣が株式市場を支えるために、ユダヤ人資産から生じた一億一千万フラン以上の証券の取得を金庫に懇願した時、指導者たちはそれを実行するが、相場の急騰ゆえに相当の利益を手に入れる。こうしてユダヤ人資産は、当時余りにも小さすぎると思われていた株式市場を拡大するために、金庫の介入の道具として役立つことが出来たのである。そして一九四三年一月一五日、金庫がこれらの証券を保持すべきか否かを判断することが問題となった時、監査委員会の一メンバーは、次のように述べ、状況を端的に要約した。「財務大臣によって追求される一般的な政策の要求と同時に、預金供託金庫の金銭的な利害を考慮すべきである」[16]。アンリ・ドロワは、証券の取得が、「通常の投資先ではなく、財務大臣の要求によって実施された」ことを確認し、さらに次のように結論する。「金庫は問題の証券の管理に際して、純粋な投資先としての考慮だけで動かされるべきではない」。ここには一貫して両義性の文化が見られる。

他方、この文化は、金庫を国民革命の擁護とペタン元帥派の熱狂的支持に埋没させないが、逆に、ひとたび一九四〇年夏の重要な選択が承認されると、公的な文書や報告の中で厳密に行政的・技術的な表現にとどまるようにもさせない。これは一九四〇年の業務報告の中でペタン元帥に触れなかったために、一九四一年に叱責されるフランス銀行の場合と同様である。明らかに、金庫の活動は、その指導者にとってもスタッフにとっても、戦争の状況に依存したヴィシー体制の場合とは違い、この機関の恒久性という長期の時間と結びついている。

次に、金庫の責任者にとって、国家はまず財務大臣の中に具現されている。こういうわけで、（財務大臣ではなく）ユダヤ人問題総監督庁が供託資金から二回目の徴収を要求する時、金庫の責任者は、その実施を一九四四年春まで遅らせることに成功する。

さらに単なる行動の余地以上に、とくに略奪の立法的・行政的手続きの作成に際して、金庫は真に率先的な役割を発揮している。それは公的機関によってしっかりと管理された略奪機構を設立するために、金融的・行政的に不可欠な特徴を活用して自らの提案を売り込む。さらに、解放後、金庫は、復権をめぐって、厳格に金融的・行政的であり、かつ部分的で厳密に法律的な見解を擁護することに依拠しながら、一九四四～四五年の討論に強く影響を及ぼし、自らの見方を勝利させる。

最後に、この暗い時代における金庫の自立性の相対的な喪失がしばしば強調されてきた。これに比べて、これと対応した現象の影響、すなわち民主主義的な政治生活が停止したこの時代に、財務省を中心に、専門家がかつてないほど多く政治権力に群がったことはさほど強調されてこなかった。このような専門家の典型であるイブ・ブーティリエは、回想録の中で、この時代を正確に「政治にたいする行政の優位」[18]と指摘している。しかも、預金供託金庫のアンリ・ドロワ、フランス銀行のドゥ・ボワサンジェルのいずれを問題にしても、公的金融業者は大臣に比肩しうるほどの政治的ポストを占める。こういうわけで、指導者の真に政治的な昇進は、これら企業の自立性の相対的喪失を十分に埋め合わしている。なぜならば、指導者は重要な政治的決定に緊密に関与し、いくつかの責任を兼務しているからである。そのうえ、国家内部の全体的な勢力バランスの中で、公的金融業者の力――預金供託金庫とフランス銀行のトップに位置した人々を含めて――は、ヴィシーの時代に強化され、しかも一九四四年以後の時代はこの傾向を全面的には逆転させないので、この状態は持続的となる。

金庫の「企業文化と反ユダヤ主義」

この企業の内部で成熟した長期の文化的特質が一部の活動を解明することに役立つとしても、ある行動様式を企業内部の不変的要素として提示するような断言は慎重に扱わねばならない。一九四〇〜四四年の状況と突き合わせてみると、より複雑なアプローチが導き出される。

このアプローチは、たしかに金庫の文化の重要な構成要素である合法主義について妥当する。一九四〇〜四四年の間、合法主義は大いに必要であり、それは民主主義的制度の消滅とさらに金庫内部に権威的で位階的な関係が長年にわたって定着してきたことによって強められた。しかし解放以後、金庫の指導者は、一九四五年四月二一日の第一次オルドナンス法案について、この法案が彼らを「悪意の利得者」の中に含める限りにおいて、（法律に従うという受身の立場を捨てて）議論と異議申し立ての力を取り戻す。彼らは、「ユダヤ人にたいする世論の状態は変化し得る」(19)という事実を強調することによって、この未来の法律が時機を失していると主張する。金庫の金融的利害が直接脅かされるや否や、準備中の法律にたいする批判的な距離をすぐに取り戻したのである。

しばしば金庫の一貫した価値として提示されるプロフェッショナリズム、すなわち立派な仕事にたいする情熱についても、事情はおそらく同様であろう。たしかに、略奪に関する業務は直ちに遂行された。驚くべきことに、アーリア化された約五万の企業と不動産に対応して、三年足らずのうちに二万八千以上の供託金勘定が開設された。これは現代フランス史上のもっとも大規模で急速な企業収用の最終段階である。すべてのフランス人金融責任者の目的が、「経済の非ユダヤ人化」を保障することによって、ドイツ人がそれを行うことを阻止することであったので、金庫はそれだけ速やかに、また立派にこの仕事を成し遂げようとしたのである。

とはいえ、それでも重大な誤りが生じたことに変わりはない。たとえば一九四三年、その合法的な使命と矛盾する形で金庫単独のイニシャティヴによって勘定が空になった時、「重大な異常」が確認される。このようなことは「ユダヤ人」供託金に特殊なことではなかったであろう。実際、金庫一般のプロフェッショナリズムと専門的能力について語ることは不可能であり、こうした資質は非常に相対的で、とくに業務に応じて非常に多様であるように見える。ところで名声の高い職業の暗黙の序列においては、優位を占め、最良のプロフェッショナルと最先端の能力を集めるのは、資金の運用に関係する人々である。

問題となる第三の普遍的な要素は、会社文化と愛社精神である。金庫は、フランス銀行のような独特の特権をもった他の企業に倣って、強力な企業帰属意識を育て、社内で重要な人間関係を発展させる。これはとくに社会的な性格を持つ特別の制度であり、さらにたとえば商業銀行のスタッフに比較して独自な金庫スタッフの身分によってもたらされたことである。仕事仲間の組織は、厳密な位階制、職能についての権威的な規則、非常に厳格な規律やモラル管理と同時に、そのメンバーにたいする強力な保護を結合している。この型の組織運営は、とくにどんな外部の事件も過小評価し、あるいはそれを非難や攻撃と見なす原因となる。ジョルジュ・リベイユは、ＳＮＣＦについて「同職者保護の殻」とそれに伴う視野の狭さについて指摘したが、それと同じく、金庫に存在するある種の「排他的な愛社精神」は、内部にいる人々を他の人々から決定的に区別する原因となりかねない。[20]その結果、外国人はすでに壁の外側にいる人々であるという本来的な意味において、ほとんど外国人嫌いの逸脱が避け難いことになる。したがって金庫の指導者が、労働徴発の措置にたいして彼らのユダヤ人従業員を部分的に守り、さらにユダヤ人排斥の影響が時には軽かったことがよく理解できよう。しかし身内を守るという善良な意識に加えて、財務大臣の要求にこたえる任務、しかもとりわけドイツの支配から財産と資本を守る義務として示されたために、国益にかかわる愛国主義的な任務を遂行するという善良な意識が、少なくとも部分的には、金庫に「無縁な人々」を対象とした手続きの差別的性格にたいする一種の無関心を生み出す原因となる。

以上の分析は、略奪の歴史自体をより明確にすることに帰結する。他の国のケース――枢軸国、被占領国、中立国のケース――に関する比較のアプローチは、被占領国としての国家と金庫のような衛星機関が略奪計画に全面的に参加した点で、フランスが特殊であったことを示している。

他方、このような企業内文化の肥大化は、――古文書から透けて見える限りで、しかも厳密な行政資料からこれを検証しえないことはたしかに明らかであるが――、企業外の犠牲者への略奪の措置にたいする無関心と無感覚という形で表現される。にもかかわらず、財務省対外金融局のある人物が、一九四一年に公式通達の中で、差別の不道徳的性格について明白な留保を述べたことを想起しよう(21)。とはいえ逆に、この頃差別的行為を明白に弁護したという痕跡をほとんど見出すことは出来ない。反ユダヤ主義を示した唯一の具体的表現の一つ——一九四五年に書かれた匿名の内部メモの中では、「ユダヤ人」という言葉がうんざりするほど繰り返されている——は、解放後のものであり、それは企業が「悪意の利得者」の中に並べられることにたいする不安に対応している。[22] しかしこれはとるにたらない文書にかかわることではない。それは社長室に匹敵する中央本部から出されており、多分、この企業に関して注目を浴びた学位論文を公刊したことで有名な金庫の一責任者の筆によるものであろう。その点の激しさは、金庫内部から感じられる攻撃に釣り合っているが、少なくとも、企業の金融的な利害が不当に脅かされたと感じられる時に突然覚醒する潜在的な反ユダヤ主義を示している。

要するに、金庫の指導者と従業員は、大半の官僚たちと同じく、少なくとも一九四一～四二年までは、枢軸国にたいする敗北や最大限利用しなければならないあらゆる状況と同じく、ユダヤ人資産の収用が、以後既定の事実となることを確信している。

他方、当事者にとって反ユダヤ主義の問題はあまり中心的ではないように見えたので、反ユダヤ主義的な措置だけを対象とする道徳的非難は、一九四四～四五年には時代錯誤に見えると書くことが出来た。おそらく、愛国心と起こり得る国民的裏切りの問題が、あらゆる種類の判断の中心にあったのだろう。とはいえ、反ユダヤ主義の問題はそれでも当時の人々から無視されてはいなかった。一九四三年一一月一二日付けのCFLN（国民解放フランス委員会）オルドナンスは、「敵によってまたは敵のコントロールのもとで行われた略奪行為」をたしかに無効にしている。金庫の指導者も、このオルドナンスを知り、ほどなくして慎重さを強めたことを示している。しかし解放後、いく人かの人々、とくにリヨンの人々は、官庁においても臨時諮問議会においても、道徳的誤りという思想、さらにそれから派生して道徳的に償い得る完全な復権という見解を勝利させようとした。おそらく彼らは政治的には失敗したであろう。しかし同時代の一部の人々によって、当時、問題はまったくこのように認識されていたのである。

最後に、そしておそらくこれが基本的な点であるが、非常に異なった二つのタイプの略奪が出現することが、今後はよく理解できよう。第一のタイプは、きわめて少数の多額の資産、株式、産業への出資あるいは重要な企業を対象とするものである。古文書の中に痕跡を残すのはとくにこのケースであるが、その理由は、金融指導者がそれらにたいして関心を抱くからである。彼らは、自分たちの意図にたいするドイツの支配を恐れ、そのために法律的、行政的機構を築き上げる。しかし第二のタイプとして、大半は整理される夥しい数の極端に小規模の資産や企業が存在する。それはほとんど問題を提起せず、占領当局との対立を引き起こさず、したがって金庫の史料の中にほとんど痕跡を残さないために、他の史料に当たらなければならない。ユダヤ人「資産」の中立化の名のもとに決定されたアーリア化の法律は、とりわけ貧しい人々を略奪したことを想い起こそう。公的であれ、私的であれ、金融機関が十分に調査されたとしても、若干のパイオニア的研究にもかかわらず、われわれが把握できないさまざまな形の犠牲者が多数残ることになる。

中期（一九三〇～四五年）の変化と「文化革命」

最後の時間の尺度として、不況、敗戦、占領と国家の対独協力という国民的屈辱を含んだ中期のあの不幸な時代（一九三〇～四五年）の中にこのエピソードを位置づけ直すことが必要である。

すでに指摘した古くからの三つの要請に、戦時中、金庫は第四の要請、すなわち国民経済的利益を付け加えたが、一九四〇～四四年には、景気回復の欲求が避け難いものであっただけに、それはなおさら痛感された。一九四〇年一二月八日の法律は、今後、貯蓄勘定に払われる利子率は証券運用の収益、したがって「金融市場の状況」に連動することを定めた。一見技術的に見えるこの追加の背後に、一八九五年以来支配していた状況とは逆に、この頃、貯蓄金庫に払い込まれた利子が、金庫自体の収益から乖離していることが確認される。それは一九三〇年代以来、これまた非常に弱体化していた貯蓄金庫の指導部との長期の論争の帰結である。しかしこれは、とりわけ金庫の指導者が、ことと次第によっては貯蓄者の利害よりも、低金利政策を意味する国民経済的利害を優先させることに躊躇しないことを示している。さらに、一九四三年以来、金庫は、復興に不可欠な投資を強力に再開させるために、流動化される中期信用の確立に意識的に参加する。その場合、金庫の指導者は、公的・半公的な金融機関によって強固に統制されても、この中期信用メカニズムがインフレの現実的なリスクを内包することを理解している。

これら二つの革新は、事実上、本物の「文化革命」の証し、すなわち他の機関の場合と同じく金庫においても、その頃まで金融行政の中心として提示されてきた貯蓄と通貨の防衛という価値観が、この時以後、国民経済復興という重要な要請に従属することになったことの証しである。デフレーションと経済的衰退がフランと貯蓄の弱体化よりも悪い不幸と見なされたのである。実際、要求されたことに比べて暗黙な形ではあるが、金庫は必要と判断された近代化という生贄台の上に、通貨と貯蓄という二重の犠牲を差し出すリスクを受け入れる。戦争中、公的金融業者は、利子率を引き下げ、金利生活者の所得に打撃を与えるために、使途のない潤沢な資金をすでに手に入れていた。一九四四年以後激化するインフレは、国家の債務を縮小させるが、この事実は、金庫の資金が国債の防衛によって独占されなくなったこと、さらに不況のために最初の勢いは中断されたが、一九三〇年代に試みられたように、金庫が資金運用を多様化することが出来ることを意味している。したがって国家は、財政均衡のためだけではなく、経済的・社会的に生産的な業務のために、金庫にいっそうの協力を要請できるようになったのである。

このようにして、無言のうちに、金庫の指導者は、他の公的金融業者と同じく、生産的投資と低金利という新しい宗教のために、一種の「金利生活者の安楽死」についてケインズが勧めた道を進んでいく。

この変化は、金庫指導者が先陣にいたとしても、金庫に固有のものではない。しかも公的・半公的金融機関の間（預金供託金庫のほかに、フランス銀行、クレディ・ナショナル、クレディ・フォンシエ、さらにもちろん財務省国庫局自身）の協議の慣行は、所有権を失ったか略奪されたユダヤ人資産の購入のためにせよ、中期信用のためにせよ、占領下で強化された。一九四〇~四四年にこれらの金融機関の指導者であったアンリ・ドロワ、ジャック・ブリュネ、ウィルフリード・ボームガルトゥネールは、フランス銀行を含めて、さまざまな機関の指導ポストを互いに変えながら、その後、最上部の公的金融業者の長い経歴をたどっていく。この点から見れば、戦争は、まさに公的・半公的機関の間の将来の協力政策の実験室として役立ったのである。一九四四年以来、したがってモネ・プランの金融メカニズムが形成される――とりわけ国庫局における近代化・設備基金の設置とともに――時、さらにマーシャル・プランによる資金供与が広がる時よりも「前にさえ」、金庫は復興を開始させるために根本的に再編される協調的な公的金融機構の中心機関の一つとして現れている。さらに一九五二年以後、財務省国庫局が公的金融にそれまでほど直接に関与しなくなる時には、金庫が元国庫局長フランソワ・ブロック＝レネの支持を得て、その役割を引き継ぐことが出来る。

このような新しい活動は、公的金融機構の中のほかの機関の場合と同じく、金庫でも、ほとんど変化しない構造とスタッフのもとで生じた出来事である。これらの指導者は、多くが自由主義者として養成され、気質的には保守主義者であるが、解放期の国民的情熱と相対的な権威失墜を打ち消したいというエリートの関心に駆り立てられ、生産的な支出と管理された投資金融に向かう「真の改宗」に、否応なく参加することになる。道徳的に非難される行為の傍らで、いくつかの効果的な革新が準備されていたこの暗い時代のエピソードについて、今日までほとんど調査がなされてこなかった。六〇年後、われわれの関心は、ただ――しかしそれ以下ではない――このようにしてこの時代の陰の部分と光の部分を区別することにある。

注

(1) とりわけ今なお有益なアラン・ミルワードの古典的著作を参照、Alan Milward, *The New Order and the French Economy*, Oxford, 1970. さらに以下の文献も参照。Richard. F. Kuisel, *Capitalism and state in modern France*, Cambridge, 1981 (仏語版 Gallimard, Paris, 1984); Michel Margairaz, *L'Etat, les finances, l'économie, 1932-1952, Histoire d'une conversion*, 2 vols., Paris, 1991; Michel Margairaz, «Deutschland, Vichy und die ökonomische Kollaboration», in G. Hirschefeld, P. Marsh (eds.), *Kollaboration in Frankreich*, Stuttgard, 1991; Jean-Pierre Azéma, Francois Bédarida (dir.), *Vichy et les Français*, Paris, 1992; *Histoire, Economie et Société*, numéro spécial: «Stratégies industrielles sous l'Occupation», no. 3, 1992; Patrick Fridenson, Jean-Louis Robert (dir.), *Les ouvriers français pendant la seconde guerre mondiale*, Paris, 1992; Alan Beltran, Robert Frank, Henry Rousso (dir.), *La vie des entreprises sous l'Occupation, une enquête à l'échelle locale*, Paris, 1994; Philippe Burrin, *La France à l'heure allemande*, Paris, 1995; Daniéle Rousselier-Fraboulet, *Les entreprises sous l'Occupation, le monde de la métallurgie à Saint-Denis*, Paris, 1998; Annie Lacroix-Riz, *Industriels et banquiers sous l'Occupation*, Paris, 1999; Francois Marcot, Jean-Louis Daumas, Olivier Dard (dir.), *L'Occupation, l'Etat français et les entreprises*, Paris, 2000. さらにマテオリ M. Matteori を委員長とするフランスのユダヤ人略奪に

関する調査委員会の一〇巻本（Documentaion française, 2000）、とくに総括報告（Antoine Prost 編）、金融的略奪（Claire Andrieu 他編による二巻）、経済的アーリア化と返済（Antoine Prost 他編）を付け加えておこう。またパリで開催された二つの研究集会の報告集の出版も注目に値する。Michel Margairaz (dir.), *Banques, Banque de France et Seconde Guerre mondiale*, Paris, 2002; Alya Aglan, Michel Margairaz, Philippe Verheyde (dir.), *La Caisse des dépôts, la Seconde Guerre mondiale*, Paris, 2002. 本稿の補論にわれわれが起草した後者の結論の要約を転載する。

（2）AN (Archives Nationales), F 12 10517, Rapport de René Belin adressé au maréchal Petain, le 17 novembre 1940.

（3）Cf. Eberhard Jackel, *La France dans l'Europe de Hitler*, Paris, 1968; Robert O. Paxton, *La France de Vichy, 1940-1944*, Paris, 1973.

（4）Yves Bouthilier, *Le drame de Vichy, tome 2, Finances sous la contrainte*, Paris, 1951, p. 451.

（5）A. N, F 37 27, 工業生産省機械・電機産業局長ルネ・ノルゲ René Norguet の DGREFA 宛覚書、「現在の対独状況がフランス経済に示す利点」、一九四一年一二月。

（6）Cf. Michel Margairaz, *L'Etat, les finances, op. cit.*, ch. 19.

（7）Cité in *ibid.*

（8）Mission d'enquête du Premier ministre sur la spoliation et la restitution des biens juifs, *Rapports*, Paris, Documentation française, 2000.

（9）このテーマについては、略奪に直面した銀行に関するフィリップ・ヴェレイドの以下の有益な指摘を参照。Michel Margairaz (dir.), *Banque de France et Seconde Guerre mondiale*, Paris, 2002 所収、一五二頁以下。

(10) Jacques de Fouchier, *Le goût de l'improbable,* Paris, 1984, p. 132.

(11) われわれはSNCF（フランス国鉄）について、抵抗派あるいは協力派という呼び方の不適切さを指摘した。Michel Margairaz, «La SNCF, l'Etat français et les livraisons de matériel: la collaboration férroviaire d'Etat en perspectives», in AHICF, *Une entreprise publique dans la guerre: la SNCF, 1939-1945,* PUF, 2001, p. 71-82 参照。

(12) Jacques de Fouchier, *Le goût, op. cit.,* p. 196.

(13) ブレアールとボワサンジェは、ヴィースバーデンのドイツ休戦委員会におけるフランス代表を指導し、またヴィアールは短期間内閣官房長官であった。

(14) Francois Bloch-Lainé, «Postface», in Roger Priouret, *La Caisse des dépôts. Cent cinquant ans d'histoire financière,* PUF, Paris, 1966, p. 423.

(15) ACDC, L. 37/2, texte d'une conférence de Henri Deroy, avril 1944.

(16) ACDC, PVCS, séance du 15 janvier 1943, p. 10, intervention de M. Savin.

(17) Intervention de Henri Deroy, *op. cit.,* p. 11 et 13.

(18) Yves Bouthullier, *Le dramme de Vichy, Face è l'ennemi, face è l'allié,* t. 1, Paris, 1951, p. 13.

(19) ACDC, L. 218, Note de mars 1945. このノートは、アリア・アガランによって発見され、以下の論文で大いに引用され分析された。Alya Aglan, «Les marges de manoeuvre de la Caisse des dépôts», in *La spoliation antisémite sous l'Occupation: consignations et restitutions. Rapport définitif,* novembre 2001, CDC, Paris, 2001, p. 322 et suiv.

(20) Georges Ribeille, «L'accomodation sociale de la SNCF avec ses tutelles vichyssoise et allemande: résistances et/ou compromissions ?», in *Une entreprise publique dans la guerre: SNCF, 1939-1945, op. cit.,*

p. 102.

（21）Claire Andrieu, in *Le droit antisémite de Vichy*, Paris, 1996, p. 281 et suiv. 参照。

（22）注（9）の Philippe Verheyde の論文とともに、注（16）の資料を参照。

訳者注

〔1〕占領当初からヴィシー政府内において、ドイツ軍の個々の要求に従う見返りとして、占領条件（占領区域、戦争捕虜、占領費）の変更と「ドイツ勝利後の欧州」（彼らは戦争はドイツの勝利によって短期間で終了すると予想していた）におけるフランスの地位の確保を実現することをめざした「交渉」を行い、ドイツ側から「譲歩」を引き出すという期待が存在した。「全体交渉」とは、結局はかない夢に終わるこの「交渉」を指している。

〔2〕ヴィースバーデン休戦委員会経済交渉ドイツ代表団団長。

〔訳者付記〕本章の補論を除いた部分は、すでに訳出されている（剣持久木・廣田功訳「占領期フランスにおける対独経済協力とユダヤ人資産の略奪」『名城論叢』第二号第一号、二〇〇一年）。本書収録に際して、私の責任で訳文を一部変更した。

第5章　両大戦間期におけるフランスの通貨、国家および市場

――ヨーロッパ諸国との比較――

権上　康男訳

解説

ひとくちに、二〇世紀はインフレの世紀であるとか、インフレは二〇世紀の創造物であるとかいわれる。実際、人類は二〇世紀に入って通貨を組織的に操作することを知り、同じ世紀の後半には、「管理されたインフレ」のおかげで先進資本主義諸国は歴史上前例のない長期の経済的繁栄を経験した。まさに、通貨にたいする視点を抜きにして二〇世紀の経済社会の歴史を語ることはできないのである。

通貨の操作は第一次世界大戦後の経済・財政危機の時代に始まる。そして一九三〇年代に入り、各国で金本位制が停止されるに及んで一般化する。操作の手段として最初に用いられたのは公開市場操作（フランスでは公開市場政策とも呼ばれる）、すなわち、中央銀行が通貨供給を調節する目的で実施する公開市場での公債類の売買――いわゆる「買い操作《オペ》」と「売り操作《オペ》」――である。それまでの中央銀行は、政策の基本を金準備の増減にあわせて公定歩合を上げ下げすることにおいており、いわば受動的な存在であった。また、そうしたこともあって、フランスでは「中央銀行」という用語の代わりに「発券銀行」ないしは「発券機関」という用語が一般に用いられていた。しかしこの「発券銀行」は、公開市場操作という新しい政策手段をわがものにすることによって、市場に主体的に介入する能動的な存在――すなわち、今日的な意味での「中央銀行」――へと大きな一歩を踏み出すことになる。

ところで公開市場操作は、国家のマクロ経済政策を支援するための手段として利用することもできる。また、とくに買い操作は、市場における資金の借り手としての国家を利する方向に作用する。このような事情から、公開市場操作の登場とともに、国家（より具体的には財務省）と中央銀行の関係は、時には協調、時には対立や緊張に彩られた、複雑な様相を呈するようになる。国家が物価の安定や経済の成長に責任を負おうとするのにたいして、中央銀行は市場の円滑な機能と通貨の安定の保障を自らの使命の基本とみる傾向があり、両者の政策上の関心には相互に重なる部分と対立する部分があるからである。

中央銀行と国家の間に以上のような新しい関係が生まれてくる歴史過程は、両大戦間期の経済、社会、政治の危機的状況と重なりあっているだけに、とくにフランスでは曲折に満ちていた。中央銀行の政策や管理機構をめぐる問題はしばしば政治化し、国論はそれをめぐって沸騰した。そうした歴史過程を対象とする研究は近年、フランス銀行とフランス財務省の内部文書の公開が急速に進んだこともあり、飛躍的な発展を遂げた。その代表的な成果は、ケネス・ムーレ著／山口正之監訳『大恐慌とフランス通貨政策――ポワンカレ・フランの管理の経済的理解と政治的拘束、一九二六－一九三六年』（晃洋書房、一九九七年）と権上康男『フランス資本主義と中央銀行――フランス銀行近代化の歴史』（東京大学出版会、一九九九年）で、いずれも今日、日本語で読むことができる。マルゲラーズ氏の本講演テクストは、フランス銀行経済研究局の覚書類を徹底的に渉猟し、中央銀行内部における議論の変遷を詳細に跡づけるとともに、問題をヨーロッパ諸国間の比較を通じて考察している点に大きな特徴があり、また独自性がある。これによってこの領域の日本語文献はさらに豊かになったことになる。

読者は本テクストによって、国家、中央銀行、市場の三者間の関係、フランスにおける中央銀行の「近代化」ないしは「現代化」といった、二〇世紀フランス資本主義の歴史の核心にふれる、重要でかつ興味深い諸問題に関する理解を深めることができよう。なお、本テクストでは金融専門用語が多用されており、理解に困難を覚える読者がいるかもしれない。そのような読者には、上記の邦語文献の関係箇所を併読することを奨めたい。

ヨーロッパのいくつかの主要な中央銀行についてみると、一つの世界大戦からいま一つの世界大戦までの三〇年間における中央銀行の機能は、それ以前の時期ともそれ以後の時期とも異なる。少なくとも、資産構成に映し出された機能の点で異なる。中央銀行の債権はこの時期以後、対国家債権、対外債権（金および外貨）、対経済債権の三つから構成されるようになるが、この古典的な三分割のなかで、対国家債権は他の二つのタイプの債権に比べてとくに大きな比重を占めている。この変化はヨーロッパの多くの中央銀行に共通しているが、とくにフランス銀行について顕著である。

一般的な諸事実の確認と論点の提示

中央銀行の国内債権をみると、その過半を対国家債権が占めている。とくに当該時期の最初と最後にあっては、その大部分をこの債権が占めている。それは当然であるともいえるし、問題であるともいえる。

通常の説明はおよそ次のとおりである。二つの世界大戦の影響は、国庫にたいする戦時資金提供を反映して、対国家債権がヨーロッパの多くの発券機関の資金運用のなかで、圧倒的とさえいえる大きな割合を占めている点に現れている。明らかに、かつては「銀行家たちの銀行[1]」であった中央銀行は、一九一四～四五年の期間に、まず「国家の銀行」になったのである。

この点については、一九二五年から、発券銀行と国家との「事実上の相互依存」を比較分析する際に用いられるようになった指標が利用できる。これらの比較分析によれば、第一次世界大戦前とは違ったある変化が、資金運用に生じている。大戦前においては、対国家債権が（収益を生む）生産的諸資産の大半を占めていたのは、ポルトガルとセルビアの中央銀行だけであった。対国家債権の割合は当時、連合王国、スペイン、ギリシャ、ブルガリアでは、二〇%から五〇%の間にあった。その他の国では、この項目はもっと少なかったようである。第一次世界大戦を契機にこの項目は著しく膨張する。一九一八年には過半を占め、それ以後は一九二四年にいたるまで――フランスについては一九二六年まで――過半を超える。戦争金融の重い負担とそれから生じた財政および国庫業務の困難の程度は、時系列のなかで濃淡がある。時系列は国ごとに異なるが、それは通貨流通量の増加

図１　中央銀行の国内債権に占める対国家債権の割合（1913～44年）
――ベルギー，フランス，連合王国――

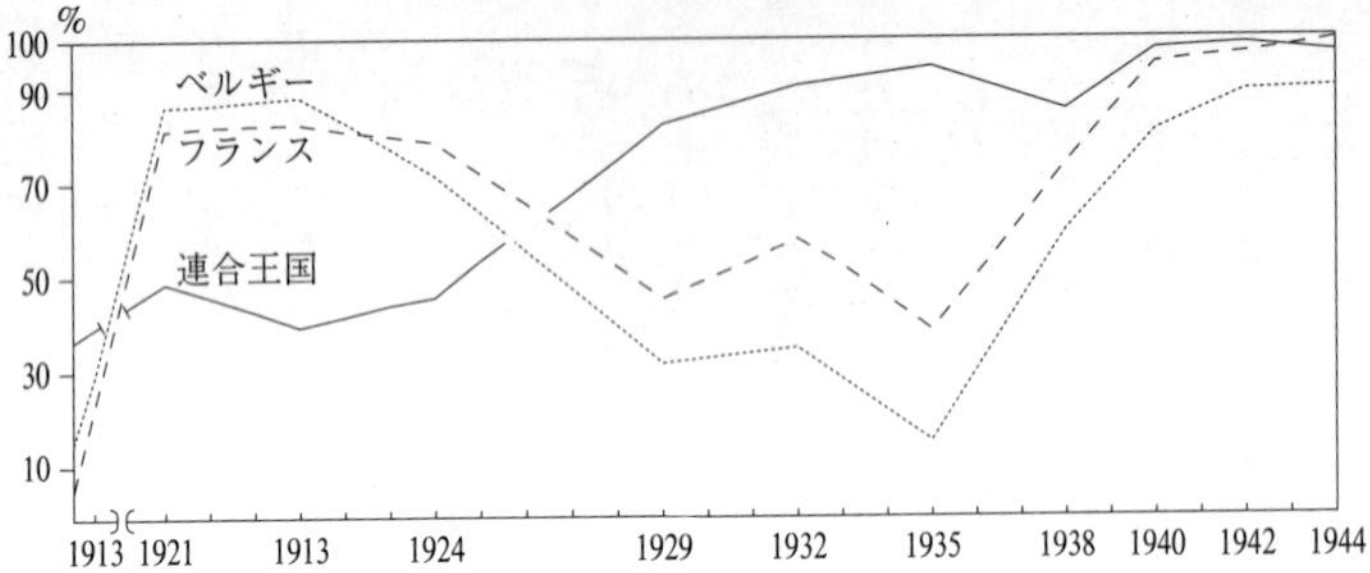

出典：SDN, *Monnaies et banques*, 1939; *Monnaies et banques, 1942-1944*, 1945.

図２　フランス銀行の短期債務にたいする諸資産の割合

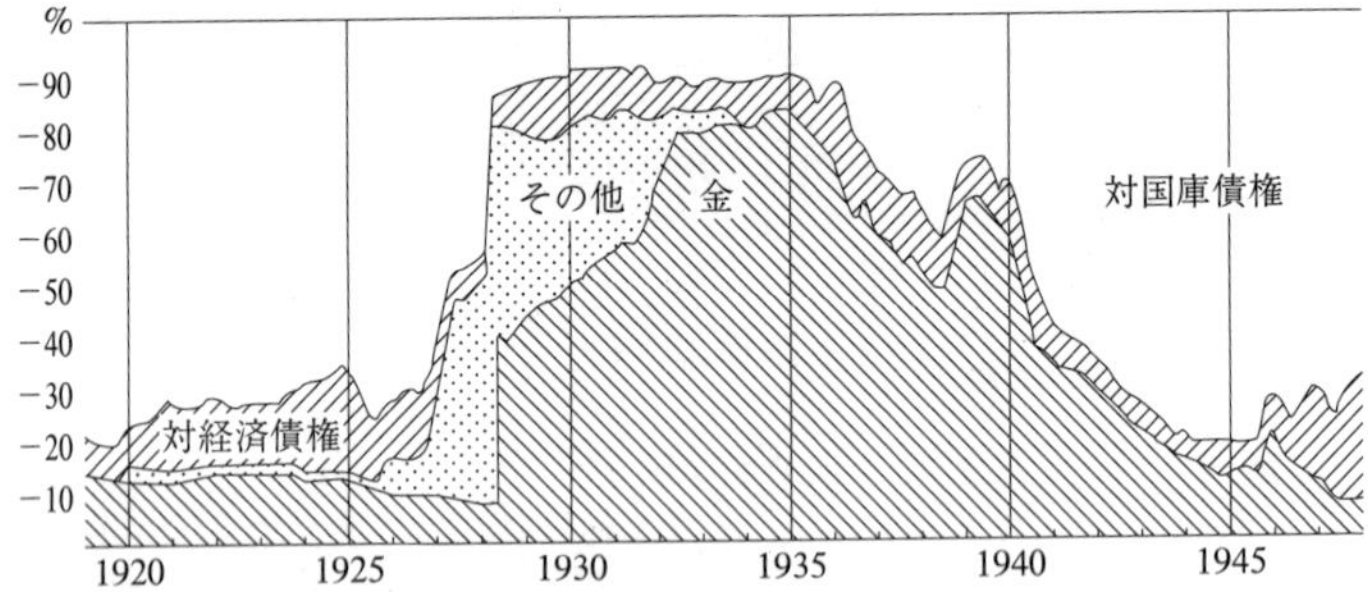

出典：J. M. Jeanneney, E. Jeanneney, *Les économies occidentales, XIXᵉ-XXᵉ siècle*, Presses de la FNSP, 1985.

と同時に、インフレや通貨の減価幅の大きさとその継続期間の長短を映し出している。

要するに、戦争という事件が圧倒的な影響を及ぼしているようにみえる。その証拠に、中立諸国においては中央銀行の対国家債権の割合は比較的小さかった。この割合は、オランダで四分の一以下、デンマークで三分の一、フィンランドで二分の一である。スウェーデンでは、諸銀行にたいする国家の債務は商業銀行借款団からの借入れによって、休戦成立以前に返済されていた。ギリシャやユーゴースラヴィアではこの項目の減少はスウェーデン以上に急速であったが、それは連合国から受けた巨額の融資のおかげであった。反対に、ほとんどすべての旧交戦諸国では、国家債務は重いままで、一九二四～二五年まで高い水準にとどまる。ポルトガルでは国家債務が圧倒的な割合を占めつづけた。ポルトガルに次いで国家債務の割合が大きかったのはフランスとベルギーである（七〇％以上）。連合王国とイタリアでは四〇％を超えていた。東ヨーロッパも、通貨改革が実施されるまでは同様であった。

一九二〇年代半ばから対国家債権の顕著な縮小がみられるが、それは各国で実施された通貨の安定化を部分的に反映している。当時、ポルトガルを除く諸国で通貨改革が行われ、それにともなって急激な変化が生じたのである。ドイツの場合はさらに複雑であった。というのは、一九二三年の年末まで対国家債権がライヒスバンクの生産的諸資産の九五％を占めていたが、この年の年末に、ドイツ政府はレンテンバンクから安定通貨〔新通貨〕で新規借入れを行い、それによって対ライヒスバンク債務を返済したために、対国家債権は一％に下がったからである。なお、レンテンバンクからの新規借入分は小額ずつ返済されることになっていた。

このように一九二〇年代半ばに実現した正常化は、すべての中央銀行家たちが比較的正常とみなす、ある状態に対応している。彼らが健全であり流動的であるとみなす資産は対外債権もしくは対〔国内〕経済債権であって、対国庫債権ではない。こうした点に着目した場合には、フランスは一般的な時系列から乖離しているようにみえる。この国では、対国庫債権の減少は一九二五年に始まり、ようやく一九二六年になって本格化する。これは、国内経済の不足資金よりも国家の不足資金の方が充足されにくかったという、困難な時代状況の反映なのかもしれない。

それはともかくとして、次の一〇年間には対国家債権が増加する。時系列のなかでのその進み具合は、財政と国庫が一九三〇年代の不況、次いで第二次世界大戦からそれぞれ受けた、困難の度合いに応じて濃淡がみられる。このような状況の変化もフランスは他の諸国に比べて遅れがみられる。

以上、ヨーロッパ諸国間の通貨面における共通点について、とりたてて新味もない事柄を大まかに確認してきた。が、その先に、次のような大きな疑問が生じる。なるほど個々の発券機関の対国庫債権はほぼ同じような水準に達している。しかし、こうした近似性もさることながら、対国家債権がまとう形態のなかにみられる構造上の差異から、各国における中央銀行の業務活動ならびに中央銀行と国庫の関係に大きな違いのあることを読み取れないであろうか。対国家債権を大きく三つのタイプに分けてみよう。中央銀行の対国家直接前貸しはフランスでとくに盛んであったが、イギリス、ベルギーでは、これに類似した対国家債権はわずかであったようにみえる。国債担保前貸しの方は、とくにラテン系諸国（ベルギー、フランス、イタリア、スペイン）で大きな割合を占めている。これとは反対に、国債の保有それ自体は、国ごとにばらつきが大きいようにみえる。以下、こうした相違について論じてみたい。

フランスを軸に据えよう。そして、当時のフランス銀行の責任者たちが同時代分析のなかで行っていた、他の諸国との比較という接近方法をとることにしよう。便宜上、対国家債権を二つのタイプに分けることにする。第一は直接前貸しである。これはとくに一九二〇年代初頭のフランス銀行に顕著にみられた。第二は間接融資、つまり公債の割引や自由市場での公債の取引である。第一のタイプから第二のタイプへの移行は、フランスでは、フランス銀行の内と外の別を問わず、活発な論議を呼び、その論議の過程で外国の事例がさまざまな論者によって――しかも、時には、論者たちの間で正反対の意味で――援用されていた。

1　フランス流の直接前貸し――二つの波――

発券特権を象徴する無利子の対国家永久前貸しについては、ここでは、簡単に触れるにとどめる。フランス銀行による永久前貸しは、同行が当座勘定に受け入れている国庫の流動資金に対応している。その額は、一九一四年以前は二億フランであったが、それ以後二度引き上げられ、第二次世界大戦までに著しく増大した。まず、ポワンカレ・フラン〔2〕を誕生させたことで知られる一九二八年六月二三日の法律によって、永久前貸しは一九四五年一二月三一日期限の国庫証券を引当てに三二億フランに引き上げられた。次いで、一九三八年一一月一二日の協約第九条によって、その額は一〇〇億フランに引き上げられた。この協約は、国会から全権委任を受けた首相ポール・レイノーがデクレ‐ロワ[3]を制定した際に、フランス銀行と政府の間で結ばれたものである。この一九二八年六月二三日と同年一一月一二日という二つの日付は、フランスの通貨史上、稀有でかつ特別な時点を意味している。この時、ようやく次の三つのことが同時に可能になったからである。第一に、通貨の切下げにともなってフランス銀行の準備額を再評価すること。第二に、金によるフランの定義を変更すること。そしてとくに第三に、相対的安定化のおかげで、国家はフランス銀行から受けていた臨時前貸しを返済することになり、新たな臨時前貸しを求めることはないであろうと合理的に期待すること。

臨時前貸しについては詳しくみることにしよう。それは一九一四～二八年と一九三六～四四年の二つの時期に異常なまでに膨張し、フランス銀行の資産総額の七〇％以上を占めるにいたった。

第一次世界大戦期の前貸し

フランス銀行によるこの時期の前貸しは、以前のものと二つの点で異なっていた。第一に、前貸しは実際には継続して行われたにもかかわらず、「臨時的」、「一時的」あるいは「例外的」と呼ばれた。その額は一九二六年にフランス銀行の短期債務（銀行券、短期預金）の七〇％以上に達し、一九二八年でもなお半分以上を占めていた。しかし同時代人たちは、それらをまったく一時的なものと受け取っていたのである。

第二に、前貸しは政府との間に結ばれた協約にもとづいて実施された。協約の方は、国会での公開審議を経て成立した法律に根拠をおいていた。実際、戦時の五年間に、相次いで八つの協約が締結され、前貸しは累計で二七〇億フランに達した。

ところで、ヴェルサイユ平和条約の調印後一年も経たないうちに、返済期日の点でも返済額の点でも厳しい、国家債務償還政策が登場した。その結果、フランス銀行と国庫は互いに結びつけられた。一九二〇年四月一四日のいわゆるフランソワ‐マルサル協約にもとづいて、国庫は一九二一年一月一日に、各年の年末に二〇億フランずつ償還することを約束した。おまけに、それは公衆の監視下で実施されることになった。というのは、この約束を果たしたか否かは各年の一二月三一日に公表されるフランス銀行の貸借対照表をみればわかるからである。

実際には、そうした政策が成功するのはドイツが賠償金を払い込んだ場合である。案の定、国はすぐにはこの約束を果たせなかった。臨時前貸しの最高額は、一九二〇年の年末時点では二七〇億フランであった。翌年、二〇億フランが返済された。ところが一九二三年の年末は一〇億フランしかフランス銀行に引き渡されなかったので、臨時前貸しは二四〇億フランにとどまった。一九二二年以後になると、国庫の資金繰りが悪化し、前貸しの上限額は数次にわたって引き上げられた。そして一九二五年一二月四日の法律によって、それは三八五億フランにまで引き上げられた。次いで、協約が履行され、三六五億フランに減少する。前貸しの上限額は、それから直接生じる通貨発行の額と同様、当時の人々の目には、通貨の事実上の減価を示す指標として映った。財政難は二重の意味で、つまり、客観的にというだけでなく、国家の債権者たちのフランにたいする主観的な不信任という意味でも、重くのしかかったのである。

一九二六年の夏、首相のレイモン・ポワンカレは、フランの「事実上の安定化[4]」を行うと同時に財政再建のための諸措置を講じた。その結果、財政黒字が生まれた。また国債発行が行われたために、前貸しの部分的な償還が可能になった。おかげで、一九二八年六月二五日にはフランの「法律上の安定化[5]」が実現し、ポワンカレ・フランが誕生するが、その際に、臨時前貸しの上限は一七八億フランに引き下げられた。フランが切り下げられた日の一九二八年六月二三日に協約が結ばれ、それによって臨時前貸し勘定は閉鎖された。

また、前貸しの残額については、一九二八年六月二五日の通貨法――この法律によってフランは五分の四切り下げられた――にもとづいて算出される正貨準備の再評価益によって償却されることになった。大戦勃発から数えて一四年後に、フランス銀行の巨額の対国家債権は、インフレとフランの減価によってようやく返済されたようにみえる。つまり、通貨が五分の四減価したことによって、フランス銀行の貸借対照表上の資産がまったく同じ割合だけ減価したのである。

一九三六～四四年――恐慌期と占領期の前貸し――

人民戦線政府が樹立されて間もない一九三六年六月一八日の協約によって、再び臨時前貸し勘定が公式に開かれた。予算と国庫の資金繰りが困難に直面したからである。この困難は、とくに一九三二年以降に顕在化した経済不況と税収の減少から生じた。

一九三五年に、フランス銀行による間接的な前貸しが、諸銀行が国庫から引き受けさせられた国庫証券の再割引という便法を使って、秘密裏に再開された。財務大臣ヴァンサン・オリオールの手で結ばれた上述の協約は、この実施済みの秘密前貸しを表にだすとともに総額二四〇億フランの新規前貸しに道を開いたにすぎなかった。その後、フランが切り下げられ、次いで三度協約が結ばれ、さらに二度フランが切り下げられたあとに、前貸しの上限は五四〇億フランに上昇した。前貸しの一部は、一九三八年一一月一二日の協約の規定により、通貨の切下げから生まれた正貨準備の再評価益で償還された。さらにその残額は、一九四〇年二月二九日に、フランス銀行の金準備と為替安定基金の保有外貨の再評価益で清算された。このようにして、不況に起源をもつ前貸しは返済されたが、この時すでに第二次世界大戦は始まっていた。このため、前貸しという挿話は完結するにいたらなかった。

フランス銀行は一九三八年に、第一次世界大戦の先例にならって政府と協約を結び、総動員の発令時には、国庫に二五〇億フラン引き渡すことを約束した。約束は一九三九年に履行された。次いで対独敗北と休戦が重なり、対国庫債権は膨らむ。臨時前貸しの上限は、一九四〇年二月二九日に四五〇億フランへ、次いで一九四四年六月八日に一〇〇〇億フランへと引き上げられた。そして、さらに「占領軍駐留経費支払い用」という名称の前貸しが、一九四〇年八月二五日から一九四四年七月二〇日まで実施された。当初五〇〇億フランだったこの前貸し額は、占領の終了時に四二六〇億フランに達した。かくて一九四四年には、二〇年前と同様、フランス銀行の短期債務総額の八〇％相当分（すなわち、六三九〇億フランのうちの五二六〇億フラン）が対国家債権として固定されていた。

かくて、二つの大戦によって区切られたおよそ三〇年間に、フランス銀行は何よりもまず国庫の資金難に対処しなければならなかった。一九一三年から四五年までの三二年間のうちの二〇年は、対国家債権が同行の資産の実に半分以上を占め、さらにそのうちの一三年にいたっては七〇％を超えていた。しかし、この二つの時期の数字を仔細にみると、歴史が繰り返していないことがわかる。第一の時期の前貸しについても第二の時期の前貸しについても、その批判的分析をつうじて、新しいタイプの対国家債権の出現を確認できるからである。

国庫にたいするフランス銀行の裁量の余地

当該時期の全体を対象に、フランスの財政および通貨をめぐる権力機構と政治文化の主要な特徴に関する、一般的なことがらを確認しておこう。フランス銀行の行動の幅は、対国家債権として固定化された同行の資産部分が大きかっただけに、どう考えてみても狭かった。それに、国庫が窮地に陥っていれば、フランス銀行は譲歩せざるを得ない。フランス銀行は一九四五年に国有化されるまでは私立の株式銀行であったが、それにもかかわらず、祖国愛から——二つの戦争の時期がそうであったが——か、あるいは例外的な状況に迫られて、しばしば国庫の要請に応じている。

国庫の資金繰りが困難な時期——二つの大戦期や一九二二〜二六年——には、フランス銀行の指導者たちは、理不尽ともいえる命令の前に立たされた。彼らは、厳密な意味での通貨以外の領域では発言する資格がなかったにもかかわらず、非専門技術的な基準にもとづいて、通貨に関する決定を行わざるを得なかったのである。こうした状況はドイツ占領下で頂点に達した。フランスの南部が侵略されて数週間後に、フランス銀行総裁は首相のピエール・ラヴァルに宛てた書簡で、同行の一般評議会《コンセイユ・ジェネラル》〔理事会〕は政府への前貸しを躊躇していると伝えた。総裁によれば、それは「専門技術的な理由」からではなく、一般評議会が「政治的な理由を判断する手段も資格もないのに、政治的な目的のために決断するようを求められている」からであった。フランス銀行の指導者たちは、財政のいわば慢性的な赤字と困難を前に、通貨の防衛に名を借りて、国庫にたいして一種の「諫奏」権を行使したのである。しかし、のちに（一九七六年）なって、財務省高官のフランソワ・ブロック＝レネが回想しているように、歳出がすでに決定している時には、「教皇」〔中央銀行総裁〕の「皇帝」〔首相〕[6]にたいする諫奏は奇計の渦巻く闇の舞台で行われる。この舞台では、各々は自分の役回りを演じるものの、事態が大きく変わることはない。とはいえ、そこでは発券銀行が一種の監督権限を手にしている。そして場合によっては、とくに大臣の決意いかんでは、国庫はフランス銀行が奨める方法を考慮せねばならなくなる。それゆえフランス銀行の側からみれば、二つの大戦期や一九二二〜二六年および一九三四〜三八年の時期には、同行にはわずかな裁量の余地しかなかったとはいえ、単純に、同行の自立度が国庫の必要資金量によって左右されていたと考えることはできないであろう。

最後に、一九一四年に、国防証券を公衆に売却することによって財政資金を調達する方式が採用されたために、フランスでは他の諸国と違って、両大戦間のほぼ全期間を通じて、国庫による資金調達問題が大きな騒ぎとなり政治化することになった。この問題をめぐる論争は三つの場で、すなわち、目立たちにくいかたちでフランス銀行の一般評議会で、また公衆に開かれたかたちで国会で、さらにいっそう開かれたかたちで公衆の間で、それぞれ繰り広げられた。一九二六年や一九三四年や一九三八年のように、とくに財政問題が引き金になって国会で多数派の交代があった時期には、国家の歳出超過にたいする不安が、通貨の防衛という姿をまとって、公衆の間に高まった。行政当局とフランス銀行当局との複雑な制度上の関係が、財政権限と通貨権限——しかも、通貨権限それ自体も国庫と発券機関によって分有されていた――の関係をさらにいっそう微妙なものにした。たしかに、総裁はひとたび任命されれば大きな権限を行使できる。とはいえ総裁は、強大な権限を濫用しないように努めなければならなかったし、窮地に陥った国庫にたいして力を誇示することのないように努める必要もあった。というのは、総裁のエミール・モローが回想録に記しているように、総裁がひとたび任命され、行政側の唯一の権限が総裁解任権だけになった場合にも、一九二六年の総裁ジョルジュ・ロビノー、一九三六年の総裁ジャン・タヌリーのそれぞれ総裁解任劇にみられるように、この解任権は理論上のものにとどまらなかったからである。

以上のことは、たんに程度の問題であるにとどまらず、すぐれて政治文化の問題でもある。実際、イギリスでは――たしかに、この国の財政はフランスよりも安定していたし、税収も多かった――中央銀行の対国家債権が増大しても、フランスのような「騒ぎ」にはならなかった。第二次世界大戦が終結して数年後に、フランス銀行経済研究局長アンリ・コッシュは、両国の間の「社会環境、慣習、慣行、および金融構造の違い」に触れながら、こう告白している。「〔イギリスの〕金融ジャーナリストや大学教員の研究者の誰一人として、イングランド銀行、そして時には国庫がさまざまな期限の政府証券を売買することに、不安を感じる者がいないのには驚かされる」と。

しかしながら、長期的にみれば、短期の公的債務負担は二つの対立する傾向を生む。国庫が——その職務上といってもよいであろうが——金利を引き下げようとするのにたいして、フランス銀行は、財政難や財政難から通貨が危機に瀕した際には、金利を引き上げようとする。とはいえ、この緊張から何が起こるかは、経済の状況や誰が責任ある部署にいるかによって違いが出るであろう。以下、同時代人たちの論評を通じてそうした違いを明らかにしてみよう。

二つの特別な時期、何もなかった時期、ないしは二つの文化

第一の時期（一九一九〜二六年）には、対国家債権の重みは決定的とさえいえるほど大きな拘束力となって、フランス銀行の力を事実上制限するにいたった。しかし一九二六年になると、政府が財政と通貨の安定化に向けて本格的な努力を行うのと軌を一にして、フランス銀行の中枢部で、この第一の時期についての批判的分析が行われる。そして、将来における同行の介入方式の変更が検討され、新たな政策能力が準備されることになる。

そこで、内部史料を利用しつつ、国庫とフランス銀行の関係の歴史を再度たどることに

しよう。何もなかった時期（一九三〇～三五年）を挟んで、その前後に、新規の試みが行われた二つの重要な時期――一九二六～二九年と一九三六～四四年――が確認できる。

発券機関の内部で行われた核心的議論からは、ヴリィエール通りのフランス銀行の指導者たち――ただし、彼らの目はわずかしか国外に開かれていなかったが――が、外国の中央銀行業務の検討を通じて、他所で行われている方式を取り入れようとしたり、反対にそれらを拒否しようとしていたことがうかがえる。このような比較検討作業によって、フランス銀行の指導者たちは、相互に矛盾する二つの態度を相次いでとるようになった。その態度は、二つの異なった、対立する「文化」ともいえるものである。もっとはっきりいえば、通貨面で新機軸が打ち出された重要な時期（一九二六～二九年、一九三六～四四年）には、彼らは外国の大中央銀行の行動にならおうとした。また、時代の要請という名のもとに、他所で実施された新規の試みを参考にしようとした。いうまでもなく、イングランド銀行にはとくに大きな関心が払われた。反対に何もなかった時期（一九三〇～三五年）には、指導者たちは、フランス銀行が古くから行ってきていることを理由に、同行固有のアイデンティティを主張し、外国の事例を拒否しようとした。経済状況や指導者たちの顔ぶれ次第で、フランス銀行の特殊性は、その定款を外国なみのものに改めるうえでの障害とみなされたり、あるいは反対に、アイデンティティのしるしとみなされ、一般化した有害な慣行などではないとして擁護された。

2　直接前貸し批判から貨幣市場改革の動きまで〔7〕（一九二六〜二九年）

短い期間ではあるが多くの改革が行われた時期

二系列の要因が、両大戦間期に位置するこの短い時期（一九二六〜二九年）にかなり例外的な性格を与えている。

第一に、この数年間は、指導者グループの大幅な交替という、フランス銀行の歴史のなかでもかなりめずらしい現象がみられた時期にあたる。エミール・モローがその比類のない回想録で明かしているところによれば、通貨危機の真っ最中に、彼は財務大臣ジョゼフ・カイヨーから、総裁に就任して、専門家委員会が勧告した通貨安定化の準備にあたるよう要請された。実際、新総裁は着任するや、ただちに主要な指導者たちの入れ替えに着手し、次席副総裁にシャルル・リスト、経済研究局長にピエール・ケネー、また総務局長にピエール・ストロールを任命した。そして約三年をかけて、リストとモローが参加していた専門家委員会とほぼ同じ考えをもつ指導者グループをつくりあげた。カイヨーは一九二六年七月に早々と失脚するが、このグループはその後も存続することになる。

第二に、政治と通貨の領域で新しい状況が生まれ、少し前には予想できなったような展望が開けた。左翼カルテル政府という政治的障害と、この政府が掲げる資本課税という付随的ではあるが障害ともいえるような脅威が取り除かれた。一九二六年の年末には、久しく待ち望まれていた均衡予算がようやく成立した。同じく、減債金庫の再建と新しい公債政策によって、国庫業務が目にみえて健全化した。これらの要素はみな、フランス銀行による裁量の内在的な余地を大きく広げるものであった。さらに、一九二六年八月七日の法律が施行され、フランス銀行は新たに為替市場に介入できるようになった。一九二八年六月二五日の「法律上の安定化」と臨時前貸しの廃止によってフランス銀行の資産構成は大きく変わり、以後は対外債権が大きな比重を占めるようになる。たとえば、外貨および金を含む項目が短期債権の八〇％を占めるようになる。

厳しい遡及的自己診断──直接前貸し、フランスの病──

ピエール・ケネーは一九二六年八月初めに、事故死したデカンの後任として経済研究局に着任する。彼は着任して早々、発券機関の資産を過度に固定化しているとして、それまでの直接前貸し制度に厳しい診断を下している。

直接前貸しは一九二六年の年末時点で、依然として資産の七〇％近くを占めていた。国家は前貸し──ちなみに、その上限枠は一九二六年末の時点では三六五億フランに設定されていた──以外にも負債を負っていた。負債は、海外で借り入れられて海外に預託されていた一八億六四〇〇万フランと、対外国諸政府前貸し（その大部分はロシア政府にたいするもの）に対応する五〇億フランを超える国庫証券からなっていた。それゆえケネーは、国家独りがフランス銀行から借り入れたり返済したりして流通通貨量を増減させており、フランス銀行の通貨統制力をぎりぎり最低の水準に押し下げている、と嘆いている。彼は一九二六年一二月付の覚書に、「こうした発券機関による〔資産の〕固定化がまぎれもなくわが国の通貨危機の原因になっている」と記している。彼は、現状はフランス銀行の市場介入にとっても国庫の利益そのものにとっても有害であると考える。というのは、国庫は公衆からの信認を頼りに大量の国防証券を貯蓄者たちに売りさばかねばならないからである。つまり、彼が一九二五年に嘆いていたように、「誰かに従属する」ことになるからである。フランス銀行の方は、銀行券の発行から逃れられなくなる。しかも、銀行券の発行それ自体は、同行の手を離れた本来的に非対象性をもつ前貸しいかんにかかっている。ここで非対照性というのは、前貸しの結果として銀行券を発行するのは簡単であるが、それとは反対に、流通している銀行券を吸い上げる方は難しいからである。

数点の覚書――その大部分は一九二六年末から一九二八年初頭にかけて作成されている――のなかで、ケネーは、当時のフランス銀行と国庫の関係には四つの大きな欠陥があるとしている。

第一に、償還方式が硬直的にすぎる。毎年一二月三一日に二〇億フランずつという、フランソワ-マルサル協約に盛り込まれた返済条件は、返済額の面でも返済期日の面でも、あまりに硬直的に過ぎ、国庫に返済できる見込みは事実上なかった。明らかに、それは「正常な返済方式」ではない。第二に、ケネーは国庫が撹乱要因になっていると嘆いている。「国庫が価値のある貨幣で支払いをしない」ために、短期市場は「混乱」し、割引率、国庫証券金利、市中金利の間の関係は「まったくの無秩序状態」にあり、「そのために金利の統一と貨幣市場の統制の問題がいっそう大きな問題になっている」。第三の欠陥は、国庫が個人当座勘定を開設して貯蓄を引き寄せており、そのためにフランス銀行の市場統制力がさらに脆弱化しているということである。最後に、国防証券が五〇〇億フランも発行されているために、性格の大きく異なる二種類の資金が混ざってしまっている。というのは、そこには、必ずしも流動的とはいえない庶民の貯蓄と、常に流動資金を必要としている諸企業の運転資金という、二種類の資金が流れ込んでいるからである。[8]

外国の中央銀行の事例と対応策

ピエール・ケネーは辞令を受けるやただちにイギリスを訪問した。そして、ロンドン貨幣市場の機能を分析し、その結果を数点の覚書にまとめている。大まかにいえば、彼は主要な外国の諸都市の短期資金市場の検討から四つの主な教訓を導き、それを総裁に報告している。

第一に、直接前貸しはフランスに特殊なもので、有害である。ケネーは一九二八年三月付の覚書に次のように記している。「アメリカ合衆国の連邦準備銀行も、イングランド銀行も、ドイツのライヒスバンクですら、〔国庫〕証券を自らの貸借対照表のなかに固定し、国庫が買い戻しにくるまでそれらを眠らせておくというやり方で国家に直接前貸しを行なうことは、原則としてなかった」。それに、違いは、対国家債権の総額という量――すでにみたように、この量は主要な諸国において似たような水準にあった――よりは債権の形態とその機能にあった。たしかに、外国の中央銀行も市場に流動性を供給してインフレを起こしてしまったが、たいていは、通常の国庫証券を割り引くことによってそうしたのである。当時、これらの中央銀行は、商業手形と公債を持ち替え可能なかたちで保有していた。それゆえフランス市場の場合に問題になったような非対称は、外国の諸市場にはみられなかった。「諸市場で資金が潤沢になれば、通貨流通量は反対方向に向かうことができた」。つまり、発券銀行は自身が保有する国債を市場に引き渡すことによって通貨の過剰部分を吸収することができたのである。こうして「浮動債は最初はインフレを引き起こしたものの、現在ではインフレを抑制し、無害にするのに役立っている」。

外国の経験から導かれた第二の教訓は、フランス銀行が公債を取引することによって流動性を削減し、「信用需要が生じた際にその需要を自身に向けさせる」ことができるというものである。それは、経済研究局でケネーの補佐役だったピエール・リカールが、一九二八年初頭に作成した覚書のなかで確認している。リカールはこの覚書で、実現することはなかったが、直接前貸しを廃止して公債に切り替えるよう提案している。「国債を流動化することによって市場から浮動債を吸い上げるという方法は、外国ではどこにおいても、発券銀行のもっとも有効な金融政策手段になっている」。この間接的な方法を使えば、商業銀行はいっそう容易に「フランス銀行の懐に」入り、フランス銀行は貨幣市場にたいして統制力をいっそう有効に行使できるようになる。

第三の教訓は、イングランド銀行は私立の機関であるにもかかわらず通貨を見事に統制しているが、それは同行と財務省の関係が疎遠なためではなく、反対にフランス以上に、同行が財務省といっそう緊密で有機的な関係を維持しているためである、というものである。イングランド銀行はフランス銀行と同じく国庫の出納役の役割を果たしているが、それにとどまらず国庫の銀行の役割も果たしている。そのために、同行による対国家臨時前貸しは、フランス銀行とは違って、税収から自動的に返済されている。

最後に――だからといって重要度が劣るわけではないが――経済研究局の責任者たちは、ロンドンでは証券も金利も統一されているために短期貨幣市場金利が均質化している、という事実を確認している。一九二六年九月付の覚書に、リカールは次のように記している。イギリスでは、中央銀行の保有する公債は「国家にたいする直接前貸しであるよりも、資金が潤沢な時期に、イングランド銀行が市場で、あるいは諸銀行にたいして、売却したり再割引したりする短期国庫証券のストック分である。反対に、市場が資金を必要とする時期には、同行はそれらの証券を買い取る」。さらにリカールは、「イングランド銀行と国家の間、同行と市場の間、そして国家と市場の間で、取引される証券がまったく同一であることに驚かされた」と記している。

かくて、経済研究局の責任者たちが直接前貸しよりも公債を選好していることのうらに、公開市場操作、少なくともインフレが心配される際に引締め目的で実施される公開市場操作（その有用性）にたいする暗黙の肯定的評価、が芽生えていることがうかがえる。

各種の対策とその限界

以上のような比較分析につづいて、ピエール・ケネーは若干の対国家債権関連証券に新たな用途を開くべく、二つ改革を提案する。それは、「法律上のフラン安定化」が行われる以前のことであった。

第一に、彼は「ロシア債」を市場で取引するよう提案する。ロシア債とはフランス国庫が保有していた三カ月未満の金庫債である。それは、第一次世界大戦中の対ロシア政府前貸しを保証する目的で発行された五九億フランの国庫証券と引換えに、減債金庫を介してフランス銀行に引き渡されていた。第二に、彼は、外国の中央銀行の計算で短期の手形および証券を市場で買い取ることと、それらをパンション[9]に受け入れることを提案する。未だ控えめで限定的であるとはいえ、市場における中央銀行の行動手段を増やそうとする提案がなされたのである。

これらの提案はケネーの手になる一九二八年三月付の複数の覚書のなかでなされていた。それらのその後をたどってみよう。それらは、エミール・モローがその『回想録』のなかで言及しているフランス銀行内の何回かの会合――とくに、この案件をめぐるルクレール、リスト、ストロールを交えた一九二八年六月一四日の会合――で取り上げられる。フラン切下げの際に結ばれた一九二八年六月二三日の協約第九条に、問題の提案が明文規定される。同じく、一九二九年一月に総裁がフランス銀行の株主総会で行った報告のなかで、それらは公式に是認される。モローはこの報告で、上記の債券を「フランス銀行がフランの流通量を調整しようとする際にとくに有効な手段」であると紹介している。一九二八年一一月三〇日からは、「フランス国内で買い取られた譲渡性証券」という名称の項目がフランス銀行の貸借対照表上に登場し、同行が外国の中央銀行の計算で買い戻した債券に対応する金額が借方に記入されるようになる。フランス銀行関係者以外でも何人かの人はこの事実を見逃さなかった。一九二八年六月二三日協約の採決をめぐる国会審議の場で、急進党左派の国民議会議員で経済学者、のちに財務大臣にもなるルイ・ジェルマン＝マルタンは、ロシア債の流動化によって開かれた可能性について、ためらうことなく次のように述べている。それは「新しい段階」を画するものであり、「世界全体に一つの変化が生まれ、発券銀行が資金を供給したり資金を引き上げたりすることによって市場に有効に介入できるようになる」のは結構なことである、と。

以上のような業務改革は、多分、エミール・モローの「大構想《グラン・デッサン》」――この言葉はのちのフランス銀行経済研究局長マルセル・ネッテルが最初に使い、その後、経済史家ジャン・ブーヴィエも使っている――と切り離せないであろう。この構想は、フランが安定化され交換性を回復したあかつきに、「パリ市場を再編成し、世界第一級の市場の一つにする」（モローの『回想録』の終わりの部分にある言葉）というものである。ピエール・ケネーはすでに一九二八年三月の時点で、短期資金の再編成はパリ市場が最良のヨーロッパ諸市場の仲間に入るための条件の一つであるとし、総裁モローのために作成した覚書で次のように明言していた。「フランスには潤沢な資金があるとはいえ、パリ市場は貨幣市場としての役割を果たせないかぎり、他の国際諸市場のはるか後塵を拝するにとどまるであろう。この市場は、資金は潤沢でなくとも巧みに運営されているロンドンやベルリンのようなヨーロッパの諸市場にたいして、ローマやマトリッドと同列の未整備な市場として括られるであろう」。

限定された適用とその頓挫

これらの改革の実施は、範囲が限られていただけでなく、頼りないものでもあった。それには多分、三系列の要因が絡んでいたとみなければならない。

おそらく重要度がもっとも低いのは技術的要因である。外国の中央銀行の計算による短期証券の購入や再割引についていえば、フランス銀行は外国の中央銀行にわずかな数の勘定しかおいていなかった。それに対応して、フランス銀行には七つの外国の中央銀行しか当座勘定を開いていなかった。このことが障害の一つになった。しかも、貸借対照表に「フランス国内で買い取られた譲渡性証券」という新項目を設けたにもかかわらず、一九二八年八月二〇日に、エミール・モローから当座勘定の開設を公式に求められた二〇余りの外国の発券銀行の反応は、どうみてもかんばしいものではなかった。イタリアと日本の発券銀行は断ってきたし、連邦準備銀行からは返事すらなかった。一九三〇年以降、同じ業務は国際決済銀行にも拡大されたが、結果は同じであった。

　第二の改革もほぼ同様であった。フランス銀行は一九三〇年一月二三日の一般評議会で、減債金庫債五九億フランの売却を認められた。しかしこの債券が利子付でなかったために、フランス銀行は売却手取金のなかから手数料と二%の取引税を支払う必要があった。さらに、自身が支払うことになる利子にかかる一八%の所得税も負担せねばならなかった。

　一九二九年の秋から不況の最初のきざしが現れ、パリに投機資金が殺到した時、フランス銀行は金購入の動きをくいとめるべく、引締め方向に減債金庫債を流動化することによってフランの過剰分を吸い上げようとした。一九三〇年一月、一般評議会は審議ののち、同債券を二〇億フランまで買い上げる権限を総裁に認めた。ただしそれには、額や時期や期間など実施方法については総裁に一任するものの、支払い利子に一八%の税がかからないものとする、との条件が付けられていた。しかし、財務省が税の免除に応じなかったことから、そのわずか一週間後に、一般評議会は先の決定の実施を保留した。おそらくは――というのは、この点を明確に示す史料がほとんどないからである――一九二六年からフランス銀行の収益に不安が生じていたこともあって、ガストン・ジェーズほか何人かの経済学者たちが「管理通貨政策」として紹介していた、この新しいこころみにたいして慎重になったのであろう。リヴォリー通りの財務省からの免税措置――それが拒否されることは当然予測できた――を条件にした決定が差し止められたために、改革の実質的な範囲はいっそう狭いものになった。

しかし、さらに本質的なことをいえば、こうした諸措置の部分的挫折は、エミール・モローの「大構想」の挫折という、より大きな挫折の一部をなすものである。パリに本格的な貨幣市場を創るというこころみの大半は、ロンドンの諸制度に関するピエール・ケネーの所見から着想を得たものであったが、その計画には次に述べるような長いつづきがある。

一九二九年に、フランス銀行が銀行引受手形の割引（この業務はフランス銀行の内部で「割引B」、次いで「割引D」と呼ばれることになる）を開始する。このほかに、資本金がわずか一億フランのフランス引受銀行と、ロンドンの割引商会を模したパリ再割引金庫も創設される。ただし、パリ再割引金庫が創設されたのは一九二八年八月のことで、この銀行は多かれ少なかれパリの大預金銀行の影響下におかれることになる。しかしこれらは、所期の期待にほとんど応えられなかった。一九三〇年からは、パリ市場をロンドンなみの国際的な大金融センターに昇格させることを第一の目的とする、このような大規模な貨幣市場再編のこころみに関連して、新しい諸制度の整備——それは当然にゆっくりとしたものになるが——が日程にのぼる。それらの新しい制度は、一九三一年以後、ポンド危機とパリへの巨額の金属準備の集中という「状況の転換に」（ジヤン・ブーヴィエ）遭遇することになる。

最後の、第三系列の要因はあまり知られていない。それはフランス銀行の指導部の中心メンバーがほぼ同じ時期に退任したということである。エミール・モローは「大構想」が挫折したことでいくぶん気を落とし、一九三〇年九月に退任する。二人の中心的な協力者、シャルル・リストとピエール・ケネーも、同年中にヴリエール通りを去る。ピエール・ケネーは国際決済銀行の総支配人に就任する。フランス銀行の総裁府にはクレマン・モレ、ピエール＝ウージェーヌ・フルニエ、シャルル・ファルニエが、それぞれ総裁、首席副総裁、次席副総裁として入り、ロベール・ラクール＝ガイエが経済研究局長に就任する。そして、不況へと大きく変わってしまった景況のなかで、フランス銀行と国庫の関係をめぐって、外国の事例の受容問題に変化が生じる。

3　不況とイギリスの事例の受け入れ拒否

すでにみたように、一九二六〜二九年には、ロンドン市場における国債取引を模したいくつかの改革がフランス銀行の関心を引いた。これとは対照的に、一九三一年からは、にわかにイギリスの事例にたいする反発が広がる。

変化のきざし

しかし、転換は数カ月前に、つまりフランス銀行の指導者たちの交代と景況の転換という二重の変化が生じる以前に、すでに現れていた。

一九二九年一一月に、ピール・ケネーの協力者であった経済研究局次長ピエール・リカールが覚書を作成している。すでにそのなかで、リカールは上司であるケネーの見解からいくぶん距離をおいている。彼はフランス銀行が担ってきた任務の歴史をたどり、パリ市場とロンドン市場の比較分析を行っている。彼は、パリにあるものをロンドンに根づかせることは多分できないであろうし、その反対もできないであろうと主張する。そして、こうつづける――「諸制度のあるものが、その制度の固有の領域内で、他の制度に比べて劣っているかどうかを証明することはできない」と。彼はフランス銀行の任務がフランスの経済や社会の発展の歴史的諸条件といかに深く結びついていたかをふりかえり、次のように記している。「フランス銀行はいわゆる諸銀行の銀行になったが、商業と工業の銀行であることもやめなかった。短期の低利の商業信用が広範に普及したのは、当行の金利抑制政策が国土のすみずみまで徐々に浸透したおかげである」。

フランスの発券機関の伝統的な諸機能は、どこにおいてもどんな手形にたいしても単一の公定歩合を適用する、また「金を評価のベースに用いる」という原則――すなわち、「信用政策の根本的な諸教義」の一つに即した原則――と結びついているが、リカールはそうした伝統的な諸機能を公然と擁護している。彼は、フランス銀行には一九二八年六月二三日の協約によって国債の未償還分に相当する金庫債を買い戻す権能があることを認めるものの、その権能に制限を設けようとする。また、そうすることによって、急進的な改革のいっさいを否定する。すなわち、彼は覚書に次のように記している。「当行はそれらの債券を市場で買い戻すことができるが、それは信用のみだらな拡張を許すものであってはならない」、同じく、自由市場での譲渡性証券の買上げは外国の中央銀行の計算でしか行うことはできない、と。かくて、経済研究局の内部では、対国家債権の流動化――ただし、自由市場へのいっそう積極的な介入という方向での流動化――の意義や規模をめぐる問題に決着がついていなかったようにみえる。

リカールはさらに次のように補足する。「当行が自由市場の金利で取引する権能をもたないかぎり」自由市場で操作を行うことはできない。そうした操作は、「実際には、当行の割引政策と競合して特権者を利する結果になり、当行の創設に起源をもつ割引条件の平等原則を損なうだけである」と。ちなみに、この議論はその後、何年にもわたって倦むことなく繰り返されることになる。

保守的なドクトリン

一九三一年九月のポンド危機でポンドが金本位制を離脱して以後、そしてとりわけ一九三三年にドルが金本位制を離脱して以後に、経済研究局による比較分析研究が増える。イギリスとアメリカの「管理通貨」政策は、それらの研究のなかで明確に否定されている。フランス銀行内でこの問題に関する理論構築にかかわった中心人物の一人は、ピエール・ケネーの後任の経済研究局長ロベール・ラクール＝ガイエである。経済研究局の歴史文書のなかには、彼の手で一九三二年七月から一九三六年七月にかけて作成された数編の覚書が残されている。いずれも、もとになっているのは自由市場への各国中央銀行の介入を扱った一九三二年七月一三日付の長大な覚書である。以下、この長大な覚書にもとづいて、ラクール＝ガイエの主張を紹介してみよう。

端的にいえば、ラクール＝ガイエは改革を矮小化しようとしている。彼はこう力説する。中央銀行の介入というのは、「貨幣市場と金融市場が密閉された容器のなかで機能していた戦時期の経験的な手法から着想された『状況の理論』」の適用から生まれたものである、と。一九一四年以前においては、これらの操作はイングランド銀行やライヒスバンクによって、「きわめて限定された範囲で」行われていたにすぎなかった。さらに、それには、フランスにはない二つの条件が前提にあった。第一は、発券銀行による国債――ただし、その他の国庫債務と何ら変わるところのない国債――の保有である。この場合、発券銀行は「国庫の真の中央金庫、国家の真の銀行家」として行動していた。しかし、「フランスではフランス銀行は単純な出納機関であり、イングランド銀行のように財務大臣にとっての銀行家ではなかった」。第二は、イギリスのように、「機能分化が進んでいて、ブローカーが匿名で効果的に介入できる高度に組織化された貨幣市場」が存在するか、ドイツのように、帝国の金融制度の「独裁的ともいうべき権威」が歴然として存在することである。こうした条件もフランスには欠けていた。しかし、いずれにせよ自由市場への介入は、「私的銀行信用の不正常な拡張効果を打ち消す」目的で、引締め方向で行われていた。

ラクール＝ガイエによれば、以上のような通則を歪める動きはすでに一九一四年以前から始まっていた。しかし当時は、介入は、インフレを「ごくわずかずつ断続的に」発生させる目的で利用されていた。第一次大戦後にイングランド銀行が実施した公開市場操作は、金利の安定と失業率の安定という、両立不可能な二つの原則の間に折り合いをつけようとするものであっただけに、ラクール＝ガイエには「金本位の正常な機能とは絶対に相容れない」――彼はこの点ではケインズ理論に依拠していた――ように思えた。公開市場操作の実際の効果は、一九二五年以前においてはとるにたらないものであったが、この年に金本位制が再建されると、この操作はその方向を変えた。イングランド銀行は「もっぱら金本位の正常な機能から逃れるために」自由市場の金利をいつも一方方向に――つまり、拡張方向に――操作し、金流出の効果を中立化した。折りしもイギリスで不況が深刻化していたために、経済研究局長は自らの厳しい分析に自信を深めていた。彼は覚書に次のように記している。「一九二六～二八年の不幸な時期に用いられたシステムのおかげで、一連の不可解な、誤った判断と決定が行われた。このために、イギリスは一九三一年以後、物価の低落、ポンドの減価、大量の金および金建て債権の喪失の、いずれをも避けることができなかった」。

フランス銀行の側からみれば自由市場での操作は定款に違反するものであり、効果がなく、また不必要でもあるように、ラクール＝ガイエには思えた。単一割引率というフランス銀行が掲げる原則は定款に由来するものであるが、それは公開市場操作と相容れない。もっと構造的な観点からいえば、イギリスで「管理通貨」——これは同時代人の用語である——が有効なのは発券機関が大量の公債を保有しているからである。ところが、フランスでは公債の大半は多数の公衆によって分散保有されている。一九三一年の時点で流通していたおよそ二六〇億フランから二七〇億フランの国防証券のうち、諸銀行が保有し、貨幣市場で取引されていたのは五〇～六〇億フランにすぎない。

さらに本質的なことをいえば、フランス銀行の支店網を介してフランス全域で常時再割引が行えるために、ラクール＝ガイエの目には、フランスの制度は弾力的であり有効であるようにみえた。これにたいして、イングランド銀行には支店が七つしかなく、アメリカ合衆国の連邦準備銀行と同様、同行には株式銀行《ジョイント・ストック・バンクス》を統制する手段がまったくなかった。それだけに、ラクール＝ガイエには、自由市場での操作はフランスには必要ないように思えた。要するに、彼の評価は明快で、自由市場での操作は「わが国の経済構造にも信用組織にも合わない」というものであった。彼には、自由市場への介入はイギリスのように発券機関が信用諸機関と接触をもたないところでのみ利点が多いように思えた。ところがフランスでは、フランス銀行が割引を通じて常時、市場の流動性を操作している。かくて、自由市場への介入は国庫が発券銀行から前貸しを得るための迂回的手段とみなされ、インフレの嫌疑をかけられたのも無理からぬことであった。

一九三三年にロンドン世界経済会議が失敗に終わると、フランスはいっそう公然とデフレ政策を採用するようになる。その後、三年にわたって一九三二年の覚書の焼直し版が次々に作成され、以上のようなラクール＝ガイエの議論は強固なものになった。こうして文字通りの聖典がつくりあげられた。聖典はフランス銀行の責任者たちによって流布され、そのまま金融誌の論調を形成することになる。ラクール＝ガイエは調査をつづけ、一九三四年八月二五日付の覚書では、発券銀行にもいろいろあることを示そうとしている。オランダ、ベルギー、スイス、チェコスロバキア、ユーゴスラヴィア、ポーランド、ルーマニア、ノルウェーでは、中央銀行は資本金や準備金を国債購入に充当することが許されている。スウェーデン、フィンランドおよびバルト諸国では、政府に永久前貸しを行うことが許されている。これらの中央銀行のなかには国立銀行も何行か含まれている。一部の発券銀行には、国庫の一時的な赤字を補填するために国庫証券を割り引く権能（イタリアとポルトガルではこの権能は無制限であり、ベルギー、オランダ、ルーマニアおよびユーゴスラヴィアでは上限が付されている）が付与されている。さらに、ラクール＝ガイエはアメリカの事例に立ち入り、この国ではストロング総裁のもとで、公開市場操作が「制度にまで仕上げられている」と記している。ライヒスバンクはといえば、同行は一八七五年三月四日の法律に規定された基本定款にもとづいて、国庫出納機関の資格で買いを行っていたものの、その介入は常に引き締め方向で行われた。この制度は一九二六年に緩和され、次いで一九三三年一〇月二七日の法律によって改正された。その結果、この操作項目は膨張をつづけ、ライヒスバンクの貸借対照表を硬直化させる要因になった。

要するに、フランス銀行の公式のドクトリンは、人民戦線が結成される前夜には固まっていたのである。公開市場操作は世界的な広がりをみせていたにもかかわらず、実際にはイギリスでのみうまく機能しているとみなされた。その理由は、総通貨の構成という構造的諸要因――というのは、イギリスでは「決済がもっぱら小切手か振替によって行われている」からであるが——によるとされた。また、この操作が役に立つのは、割引政策の補強に利用される場合、すなわち常に引き締め目的で実施される場合と、金の流出時に金本位のルールにしたがって流通資金を吸収する場合だけである、とみなされた。それ以外の場合には、公開市場操作は本来の目的から外れており金本位制とも相容れないとされ、またそれゆえに、国際連盟金代表部の一九三二年六月付の報告書でも断罪されているのだとされた。公債の取引が正貨の防衛を目的とせず、金準備の減少から生じたデフレ効果の中立化を目的としている場合には、即時かつ無条件で、異端として断罪された。以上のような基本的な考え方は、レオン・ブルム政府の成立後に作成された一九三六年七月二五日付の最後の覚書にいたるまで、繰返し何篇もの覚書のなかに登場する。

一九三五年春に通貨危機が発生した。それはベルギーの貿易用通貨ベルガの切下げに端を発するものであった。ラクール＝ガイエはこの時、金本位にとどまっていた諸国の発券銀行の貸借対照表を比較分析している（一九三五年一月一七日付の覚書）。そうすることによって彼は、「投機的操作に打ち勝つただ一つの方法は信用を引き締めること、すなわち一時的な通貨需要増にたいして通貨供給を減らすことにある」との考えをさらに強くした。また、ヨーロッパの発券銀行四行が金流出を中立化するために実施した資金放出政策

各国中央銀行の短期債務にたいする対国家債権の割合

	フランス	ベルギー	オランダ	スイス	ポーランド	連邦準備銀行
パーセント	16.9	5.8	15.2	12.3	16.3	28.2ないし22

を比較研究し、短期債務の縮小がまったくみられなかったことを理由に、イギリスとドイツについては、その政策効果を否定する。ポンドが金本位制を離脱し、ドイツが金準備のほとんどすべてを失った原因はそうした政策にあるとさえしている。反対に、オランダ国立銀行とスイス国立銀行は金本位制のゲームのルールを厳格に適用したおかげで、またフランス銀行は「金流出が貨幣市場に与える影響を放置した」おかげで、いずれも正貨準備の減少をくいとめることができたとしている。一九三五年の夏には、対国家債権——固定化された諸資産、証券担保前貸し、割引国庫証券——に関する比較研究（一九三五年七月一九日付の覚書）を、大陸の主要な発券銀行（ベルギー、オランダ、スイス、ポーランド）およびアメリカ合衆国の連邦準備制度を対象に行っている。それによれば、この債権の割合は、大陸の銀行のなかではフランスがもっとも大きかった。

イギリスについては、発券機関の正貨準備の評価増が国債の償却に充当されているとの仮定にもとづいて、きわめて大きな数字——約二三％——が当てられている。状況は深刻にみえるものの、「優良な公信用と良好な財政運営のおかげで、イギリスの国庫が国庫証券の売出しに困ることはまったくなく、イングランド銀行のポジションは特別に恵まれていた」と記している。

さらに一般的にいえば、ポンドとドルが減価した原因は公開市場政策にあると診断され、そうした減価は金本位制が復活するための障害になっているとみなされた。ラクール＝ガイエは、国際決済銀行に転出していたピエール・ケネーが「新しい信用政策」を推奨すべく総裁のタヌリーに宛てて書いた一九三五年八月九日付書簡の余白部分にも、厳しい批判を書き込んでいる。そこには、「ケネー氏はフランを創造し、それを『管理』しようと考えているのだろうか」と書かれており、批判はとくに自由市場における政策全体に向けられていた。一九三五年七月一九日付の覚書では、ラクール＝ガイエはとくに、フランスの通貨構成は特殊である――預金が四〇〇億フランしかないのに銀行券が八〇〇億フランもある――うえに約三〇〇億フランと推定される巨額の貨幣が退蔵されているために、証券の増加と銀行預金の増加は連動しないとしている。そして最後に、フランスの不況が比較的軽いために、アングロサクソン諸国の状況が悪化していると記している。「フランスには四〇万人の失業者がいるが、ライン川やイギリス海峡や大西洋の向こう側〔の国々〕を、そううらやむ必要はない。私にはそうとしか思えない。……フランス銀行は、その支店網とその直接割引政策のおかげで、事実上、信用機構をきわめて効果的に統制している。それにもかかわらず、フランス銀行はうんざりするほど非難されてきた」。

4　改革へのゆっくりした足どり（一九三五～四四年）
――中央銀行へ（?）――

再び国庫の資金繰りが悪化し、フランス銀行の貸借対照表に借記された対国家債権が膨張する。対国家債権の比重も増え始める。しかし通貨当局は、それ以前の一〇年間とは違って、固定化された債権についての過去の経験を教訓に、そしておそらくは通貨と政治をめぐる状況にも急かされて、一九二六～二九年に実施された諸改革や外国の事例を参考にしながら、対国家債権をいっそう流動的なものにするとともにパリ市場の拡大にもつとめるようになる。

重要度は異なるが、この一九三五～四四年の時期は四つに区分することができる。

自覚とその限界

クレマン・モレに代わって総裁に就任したジャン・タヌリーは、就任して間もない一九三五年二月二一日、二年未満の期限付公債を担保とする「三〇日前貸し」という新しい信用方式の創設を一般評議会に諮り、それを認めさせた。一般評議会はこの前貸しに三〇億フランという上限枠を設定した。一九三五年の五月と一一月に二度通貨危機が発生したが、その際、早くもこの柔軟な信用の仕組みが利用され、約一〇億フランの追加資金が貨幣市場に供給された。

折しも、厳しいデフレ政策を決意していた保守主義者たちの本流が政権に復帰した。この時、割引率は一一回変更されて六％にまで引き上げられた。とはいえ、二度の通貨危機のおかげで、ロベール・ラクール＝ガイエが五年前から繰り返し主張していた正統的通貨政策にたいするフランス銀行の信頼は、いくぶん揺らいだ。ジャン・タヌリーが行った一九三五年度株主総会報告からは、フランの対外価値を防衛するための伝統的な手段がいかに使いものにならなくなっているか、また、割引率を引き上げざるを得なくなっているために、フラン安定の保障と信用便宜の保障という「二つの重要事項」がいかに両立しにくくなっているか、を読みとることができる。

こうした危機を契機にして、貨幣市場が収縮したためにいわば必要にかられて、限定的ではあるが、革新的な変化が生じた。タヌリーは、上述の株主総会報告で次のように述べている。「現在のところ、国債とくに国庫証券と国防証券が短期資金の主要な運用先になっている。このためわれわれは、それらの証券の保有者たちが一時的に資金を必要とする場合にはいつでも、フランス銀行から若干の条件付で確実に支援を受けられるようにしてやらねばならなかった」。後日、遡及的研究が行われている（一九三七年九月付覚書）。この研究は、金が発券機関の地下室から流出する時には、割引率を引き上げることによって、「有利な投資先を求める資金を〔発券機関に〕理論上は引き寄せることができる」ことを明快に論証する一方で、一九三五年以後は、フラン切下げにたいする懸念が金利水準にたいするいかなる関心をも圧倒し去っていることを明快に論証している。

人民戦線と直接前貸しの再開

人民戦線政府は、形成されるやただちに、フランス銀行の活動を掌中に収めるとともにその浄化に着手した。新定款の制定、ジャン・タヌリーからエミール・ラベリーへの総裁の交代、対国庫秘密前貸しの公開前貸しへの切替え、議会による新規前貸しの許可。こうした諸措置と併行して、一九三六年七月二四日の法律は、「国庫を直接利することがない」という条件付で、フランス銀行が国庫証券を無制限に割り引くことを認めた。フラン切下げ（一九三六年九月）の少しあとに、財務省資金局は一九三七年度の財政法に単一条項を挿入し、フランス銀行が一定の限度内で公開市場操作を行えるようにしようとした。そうした場合のいつものやり方ではあるが、フランス銀行の伝統の継承が謳われ、改革の範囲は部分的に弱められた。伝統の継承は二重である。第一に、「依然として有効なのは割引率の操作だけである」として、割引率の操作が中心的な役割を果たすことが再確認された。第二に、先例として、一九二八年の減債金庫債――すでに述べたように、実際にはフランス銀行はそれを利用できなかった――が引合いに出された。

単一条項案については、経済研究局内で作成された一九三六年一一月七日付の覚書のなかで検討が行われている。そこでは、イングランド銀行、ライヒスバンク、連邦準備銀行にみられる類似の規定、それにオランダ議会を通過したばかりのオランダ中央銀行の特権が参考にされている。この経済研究局の覚書の調子と内容は以前の覚書類に比べて大きく変化していた。人民戦線が勝利したためにロベール・ラクール＝ガイエの手になる各種の覚書は除けられ、いまやイギリスの先例が好意的に紹介されている。覚書にはこう明記されている。「イングラント銀行は発券諸機関のなかで最初に公開市場政策を行い、それを最高の完成度と有効度に仕上げた。フランス銀行は、このイングランド銀行が経常的に行っている諸原則にしたがうつもりである」と。

最後の段階で、問題の単一条項は財政法に盛り込まれるにいたらなかった。しかし、レオン・ブルム政府が崩壊したあとも、この計画は引き継がれていた。経済研究局では、「通貨防衛の障害にならない」ように、公開市場政策による操作額に制限（正貨準備額の一定割合、保有証券と前貸しの合計額の一定割合という形式での制限）を設ける方向で検討がなされていた。先の一九三六年一一月七日付覚書にも、首尾よくいけば、当行の市場介入によって「当行の生産的業務の平均金利は目にみえて下がるであろう」と記されている。すでに一九三六年末の時点において、貨幣市場の資金量を増やすために、政府は若干の措置を講じざるを得なくなっていたのである。

総裁ピエール・フルニエの姿勢と「ましな」政策

第三次切下げによってフランがポンドにリンクされた少しあとの一九三八年六月一七日

にデクレ〔10〕が発布され、公開市場政策はフランス銀行の定款上の業務とされた。

六月二三日には、総裁ピエール・フルニエが一般評議会で、この新しい行動手段に枠をはめるための各種の制限（三カ月期限の手形を取引の対象にすること、フランス銀行は介入に際して自主性を維持すること）について詳述している。一般評議会の議事録には次のような彼の発言が記されている。「新しい行動手段を与えてくれる制度を、危険だとしてあたまから拒絶すべきではない。それは世界中の市場で行われているものである。それを運用する任にある人たちが必要な注意を払えばよいのである」。フルニエは、インフレ的な性格の政策はやらないという。そして、一九三五年に認められた三〇日前貸しを例に引き、この前貸しは「インフレの要因になったことはまったくなく、大いに市場の役に立った」という。

しかし一般評議会では、この日の会合でも六月三〇日の臨時の会合でも、評定員《コンセイエ》（理事）のクリュグ、そしてとりわけルメーグル＝ドゥブルーイから慎重論が出された。ルメーグル＝ドゥブルーイは、六月一七日のデクレ‐ロワによって対国家臨時前貸しの上限が二〇億フランから三〇億フランへと引き上げられていること――彼によれば、「公衆はそれを最悪と受け取った」――を問題にし、また「政府が〔公開市場政策を〕国庫の資金繰りの手段として利用するのではないか」と心配した。彼は一九三五〜三六年に生じた資本流出の原因を例にとり、新しい諸措置が拡張目的のみに用いられ、フランにたいする攻撃を誘発することを恐れた。彼はいう――「要するに、市場の流動性を拡大したものはみな、わが国の通貨を貶めることになった」と。

総裁の方はもっと現実的であった。フルニエによれば、市場を緩和するつもりで便宜を図ったとしても、不信感が支配していれば、たしかに通貨を損なうことになるかもしれない。「しかし、だからといって、こうした改善策をあきらめるいわれはない。必要なことは、資金を引き止めるための総合的な政策をもつことなのである」。よって彼の結論は、「公開市場政策は一方方向でなければならないと考えるのは正しくない」ということになる。

とはいえ、解釈はあいまいなままであった。たとえば副総裁のジャック・リュエフは、公開市場政策は「市場を引き締めるかぎりでは有効ある」と考える。慎重派を安心させるために設けられた介入の量的制限についていえば、フルニエは最初、経済研究局提案を若干緩めようとした（つまり、介入の上限を金準備額の一〇%、保有手形類と前貸しの合計額の五〇%にしようとした）ものの、何人かの評定員たちがインフレを懸念したために、金準備額の八％以下にすることにした。またフルニエは、「公開市場〔政策〕は、発券銀行がもっぱら受身のままにとどまるのは必ずしも適切とはいえない、という考えのもとに導入された」と述べ、この決定の新しさを強調した。しかし、すぐつづけて、成功させようとすれば財政緊縮政策が必要になるとして、次のように述べる。「われわれは貨幣市場を拡大しようとしているが、国庫がこの市場に依存しつづけるかぎり、公開市場政策は期待された効果（とりわけ金利の低下）を生むことはありえないであろう」。

問題の技術的な側面についても、フルニエは立ち入った説明を加えている。彼によれば、約一〇〇〇億フランの銀行券流通額に五〇～六〇億フランの余裕をもたせるというのは、結局のところ、合理的な「緩和策」といえる。反対にそうした措置をとらなければ、一二億フラン分の債務の支払い期限がきただけで、金利は〇・七五％も跳ね上がってしまうからである。このようなことは、「技術的観点からみて市場がうまく組織されていないことの証し」である。なにしろ、諸銀行の預金が四〇〇億フランしかないのに市場には国庫証券が一三〇億フラン、国防証券が二七〇億フランもあり、おまけに、諸銀行はフランス銀行に再割引を求めようとしない。フルニエはこう結論づける――「いつも後回しにされる国庫がそれからある程度利益を得ることになるかもしれない。そうだとしても、市場の資金量をいくぶん増やした方がよいと考えるのは、それ自体批判されるべきことだとは思わない」と。

以上のような意見交換を経て、一般評議会は一九三八年七月七日、総裁がデクレ‐ロワの規定にしたがって公開市場に自由に介入することを認める決議をした。そして九月一日、一般評議会は再軍備と国庫のやむを得ざる必要に応じるために、フルニエの言葉でいえば「外貨購入に使われるのを承知のうえで資金を市場に流すか、それとも市場を放置し、資金難の国家が〔フランス銀行からの〕前貸しに頼るようになるか」の二つの選択肢のうちの前者を選んだ。つまり、「現実を直視し、よりましな方を選ばざるをえなかった」のである。あるいはまた、前貸しをめぐるかつての苦い経験を教訓にして、限定的で監視付の公開市場政策という新しい手段を受け入れる決定をしたのである。

公開市場政策を合法とするデクレが採択されるや、フランス銀行の総裁と何人かの責任者たちは、この決定の狙いは、国庫への資金補給だけでなく――とはいえ、この時期にこの新しい措置がとられるようになったのは、まさに国庫が危機に陥ったからであるが――、さらに広く、一九二六～二九年以来その必要が認識されていた短期資金市場の拡大にもある、ということにしようとした。制度そのものに即していえば、直接介入政策の最大の利点は、フランス銀行に主体的に行動する権能を付与し、同行が受動的態度をとらなくてもよいようにすることにあるようにみえる。フランス銀行が割引と前貸しだけしか行わないのであれば、同行は受動的にとどまらざるを得ないのである。ところでこの新しい手段を上手に使うには、いくつかの条件が揃っていなければならない。フランス銀行が完全に自主的に行動できるようにすること、「公開市場〔政策〕の妨げとなる……公衆のいらだち」を取り除くこと、それにインフレを放逐すること、がそれである。

言論界の反応はさまざまであった。この措置に好意的だったのは左翼と中央左派系の新聞雑誌である。その他の新聞雑誌は「インフレに扉を開く」という見出しを掲げて攻撃した。しかし、一般的にいって、反応は控えめであった。フランス銀行内で作成された出版物のレヴューによれば、「批判はあるにしても、それらはすべて、フランス銀行の政策ではなく政府の政策に向けられていた」。実際の公開市場操作（買い操作）は、フランス銀行の定款上の制約を考慮して、三〇億フラン程度に抑えられた。一九三九年八月の大規模な預金流出の際には、前の大戦の開戦時（一九一四年）のような支払停止《モラトリウム》を避けるために、同行は公開市場操作に打って出た。大戦が勃発すると買い操作は急増し、一九三九年八月に約三〇億フランだった操作額は一九四〇年二月二二日に七〇億フランにまで増大した。

まさに必要は法をつくるである。総裁は一般評議会で次のように説明している。「フランスで買い入れられた譲渡性証券の額が増えているのは、当然のことながら、開戦とともに貨幣市場にゆとりをもたせる必要が生じたためである」。また総裁は、一九四〇年三月九日付の書簡で財務大臣に次のように説明している。「自身に向けられた要望にあらゆる手を使って応えるのは、フランス銀行の義務でした。規制政策をとっていたとすれば、その政策がどんなものであれ、政府が避けようと決めていた支払停止を招く結果になったでありましょう。」

第二次世界大戦——占領税と新しい業務の定着——

第二次世界大戦が勃発し、一九三九年九月から為替管理が実施され、次いで敗戦、休戦、占領とつづくが、当然のことながら、この時期の金融政策は再び国庫の資金繰りで塗りつぶされることになる。国庫に必要な資金は、ドイツ軍にたいする「占領経費」の定期的な支払いのために途方もない額になった。第一次世界大戦時と同様、対国庫前貸し、銀行券流通額のそれぞれ上昇とそれから生じたインフレのために、他のいっさいの問題が脇に追いやられた。しかし、とくにドイツからさまざまな要求が突きつけられたために状況は第一次大戦時よりもはるかに厳しかったが、そうした状況のもとで、過去の経験がいくらか役に立ったのはたしかである。国庫とフランス銀行は、占領下で創造された巨額の流動資金を国庫に還流させるために、本格的な「回路政策《ポリティク・ドュ・シルキュイ》」を遂行しようと決意していた。占領下では、物価、物量および取引にたいする統制措置、厳重な賃金および所得統制、同じく低金利政策、短期国庫証券の購入以外に貨幣を使わせないための規制政策、などが実施された。とくに通貨危機に見舞われた一九四二年九月や一九四三年九～一〇月のような預金流出時には、フランス銀行は諸銀行が持ち込んでくる国庫証券――運用先がほかにないために諸銀行には国庫証券が溢れていた――の流動化に応じざるを得なかった。フランス銀行はきわめて異常な状況のもとにおいてすら、大戦初期の「奇妙な戦争」[10]の時期と同じように貨幣市場の機能を保障しなければならず、また一九一四年のような支払停止を回避するためになんとしても引締め政策は避けねばならなかった。

国庫への資金補給が他を圧倒し、対国家債権が再び貸借対照表の借方を大きく圧迫した。が、まさにそこに、フランス銀行は市場統制の方法を見出すことになった。それは、一九四〇年一〇月二九日に、一五〇億フランという限度内で、前貸しと割引に加えて公債の直接取引という新しい手段が認められたことによるものであった（ただし、公債の総流通額は最終的には五〇〇〇億フランを超えることになる）。こうした公債の直接取引は、正真正銘の市場介入政策とみることができる。一九三〇年代になってもなお、フランス銀行は発券銀行であるにもかかわらず割引用の商業手形を求めて商業銀行と競争することを余儀なくされていたが、公債の直接取引が可能になったおかげでそうした制約から解放された。ただし、以上のことは、特殊な状況から経済活動全般が弱まっていたために可能になったにすぎなかった。

＊　＊　＊

全体としてみれば、二つの世界大戦の影響が色濃いこの時期に、財務当局は発券銀行との闘いに勝利した。発券銀行の方は、一九四五～四六年になって、フランスやイギリスのような重要な国々において国有化された。通貨の防衛は、低利信用政策を求める声と有無をいわさぬ国家の要求の前に断念せざるを得なかったのである。財務当局はそれから二重の利益を得た。一つは短期資金の調達に有利な低金利であり、いま一つは債務を機械的に縮小してくれるインフレである。しかし、戦後復興という状況のなかで、発券銀行は再び資産の多くを対国内経済貸出しに振り向けられるようになった。ここでもまた、ヨーロッパの発券銀行間に一定の共通性が認められる。

しかし、国ごとの特殊性も残っている。イギリスでは、中央銀行は公債を財政の改善ではなく市場の柔軟化のために利用している。フランスの場合には、すでに第二次世界大戦前に、過去の前貸しの批判的分析をつうじて、国庫による資金調達の柔軟化が、フランス銀行の行動手段の拡大と併行して実現していた。次いで、占領という暗黒の時代の国家司令経済《ディリジスム》のために、それらは跡形もなくなってしまった。一九二六〜二九年や一九三六〜三八年の時期においては、状況はまったく異なるものの一九八〇年代の初めおよび終りと同じように、フランス銀行、貨幣市場、国庫の三者は、対立しあうどころか、運命共同体の関係にあったということなのであろうか。国庫は自らの資金調達難を貨幣市場の機能を柔軟化することによって解決しようとしたが、発券銀行〔フランス銀行〕は自分なりのやりかたでそれを利用し、やがてヨーロッパの他の発券銀行と同等の中央銀行に転身したということなのであろうか。

訳者注

〔1〕 発券銀行の主要な取引相手が個人銀行であったために、このようにいわれた。ただし、フランス銀行を含むヨーロッパ大陸の発券銀行の多くは、第二次世界大戦にいたるまで、銀行を相手とする

以外に、商工業者を相手とするいわゆる顧客取引をかなり一般的に行っていた。

〔2〕第一次世界大戦の勃発とともにフランスは金本位制を離脱したが、一九二八年にポワンカレ政府のもとで、フランの価値を旧平価の五分の四切り下げて金本位制に復帰した。金本位制復帰後の新フランは首相ポワンカレの名をとって「ポワンカレ・フラン」と呼ばれる。

〔3〕両大戦間期の危機的な場面では、国会が政府にたいして、一定の範囲以内で国会の議を経ることなく法律を制定する権限を付与することがあった。このように国会から政府が「全権委譲」を受けて制定された法律は、それが行政府長官が制定するデクレ（訳注〔10〕参照）と国会で制定される法律の両方の性格を有することから、デクレ‐ロワと呼ばれる。

〔4〕ポワンカレ政府はフランの金本位制復帰に向けて、一九二六年からフランス銀行を介して為替市場に介入し、フラン相場の安定化を図った。このようにして実現した安定化は「事実上の安定化」と呼ばれる。

〔5〕一九二六年から開始されたフランの「事実上の安定化」ののち、ポワンカレ政府は一九二八年六月二五日の法律で一フランを金六五・五ミグラムと定義し、これによってフランスの通貨は正式に金本位制に復帰した。これを「法律上の安定化」と呼ぶ。

〔6〕この表現は、ヴィルフリッド・ボーンガルトネルが一九四九年のフランス銀行総裁就任演説のなかで行った比喩に由来する。彼はこの演説で、フランス銀行総裁をモラルの世界に君臨する「教皇」に、また財務大臣を世俗の世界に君臨する「皇帝」にそれぞれ擬えた。

〔7〕ここで「貨幣市場」と訳した仏語の «marché monétaire»（英語の «money market»）は、中央銀行に当座勘定をもつ銀行間で行われる「中央銀行通貨」による流動性の取引を意味する。日本では貨幣（ないしは通貨）、信用、金融という用語が厳密に区別されることなく、それらを包括する用語

として「金融」が使われることが多い。このため «marché monétaire» も、日本では一般に「金融市場」と呼ばれる。しかし本テクストでは、«marché monétaire» とともに、長期市場を意味する «marché financier»（「金融市場」）が同時に登場するために、両者を厳密に区別する必要から、それぞれにたいして「貨幣市場」、「金融市場」という原語に忠実な訳語を充てている。

〔8〕フランスの各県に配置された総財務官は個人から利子付預金を受け入れ、これを国庫の資金繰りに利用していた。一九世紀に起源をもつこの制度は第一次世界大戦後に役割を大きく低下させたものの、制度それ自体は一九三〇年代に入ってもなお存続していた。

〔9〕パンションは貨幣市場における取引の一形態で、商法上は買戻し条件付での証券の売却とみなされる。それは証券担保前貸しに似ているが、貸付が短期であることや、前貸しの額と債権者に引き渡される証券の額面が同一であることなどの点で、これとは異なる。

〔10〕行政府の長官（大統領）の制定する命令をデクレという。デクレには一般に大統領の署名とともに首相と関係大臣の署名が付される。

〔11〕第二次世界大戦初期の戦線が異常なまでに平静であった状態をいう。

あとがき

本書は、パリ第8大学教授ミッシェル・マルゲラズ氏が、二〇〇一年三月末~四月末の一カ月間、東京大学経済学研究科付属「日本経済国際共同研究センター」の短期客員研究員として来日した際に各地で行った講演会のテキストをもとに編集されたものである。参考までに、各章のもとになった講演会を記せば、以下の通りである。

第1章（二〇世紀前半の資本主義、国家、社会）：二〇〇一年四月一三日、東京日仏会館（日仏会館・日仏歴史学会共催）

第2章（二〇世紀前半フランスの資本主義と公企業）：二〇〇一年四月二〇日、東京大学経済学研究科（東京大学経済学研究科経済史研究会主催）

第3章（パリ都市交通の歴史）：二〇〇一年四月一三日、早稲田大学商学部（鉄道史学会、社会経済史学会関東部会、土地制度史学会関東部会共催）

第4章（第二次大戦期フランスの対独経済協力）：二〇〇一年四月七日、名城大学（名

城大学経済・経営学会主催)

第5章(両大戦間期におけるフランスの通貨、国家および市場)については、来日に際して著者から訳者に提案された講演テーマの中に含まれていながら、講演の機会がなかったものである。訳書出版にあたり、講演テキストに大幅に手を加えた新しいテキストを収録した。

第1章~第3章については、注・参考文献の加筆を除けば、講演テキストとほとんど同文であるが、第4章については、ユダヤ人資産略奪問題に関連した、「預金供託金庫」に関する最新の研究成果を反映した補論が新たに加えられたために、内容的にも相当異なったものとなっている。

ミッシェル・マルゲラズ氏は、一九五一年に生まれ、高等師範学校《エコール・ノルマル・シュペリユール》を経て、パリ第8大学において故ジャン・ブーヴィエに師事し、現代史・現代経済史研究を志した。一九七四年に歴史学の教授資格《アグレガシヨン》を得てリセで教鞭をとる傍ら、ブーヴィエ(一九八六年に彼が死去したのちには故ルネ・ジロー)の指導のもとで研究を続け、一九八九年にパリ第1大学に提出した論文、「フランスにおける国家、経済・財政の管理(一九三二~一九五二年）：一つの転換の歴史」*"L'Etat, la direction de l'économie et des finances en France (1932-1952): histoire d'une conversion"* によって国家博士号を取得した。その後、一九九〇年にパリ第8大学の現代史担当の助教授に就任し、その翌年に教授に昇格し今日に至っている。

マルゲラズ氏の初期の仕事は、おもに人民戦線期の経済政策史に向けられていた。人民戦線期の社会党の経済政策論を分析した一九七二年の「修士論文」は、二〇歳の若さで、当時一般に受け入れられていた「人民戦線の経済的無知」というA・ソーヴィーの主張を批判した画期的論文であり、人民戦線研究に新しい段階を切り拓いたものであった。たまたまほぼ同時期に人民戦線期の左翼政党と労働組合の政策論に関心を持っていたために、早速マイクロフィッシュでこの修士論文を取り寄せて読んだことが、私自身のマルゲラズ氏の仕事との最初の出会いであった。

その後、博士論文の作成準備にとりかかるなかで、マルゲラズ氏の問題関心は広がり、一九三〇年代初頭から五〇年代初頭にかけて、国家の機構と政策が「成長・近代化」の課題に適合的な形に「転換」していく過程を総合的に明らかにすることに、関心が集中していった。氏が現代（経済）史の研究に乗り出した頃のフランス歴史学界では、D・ランデス等によって展開され、戦後の一時期影響力をもったフランス経済「停滞」論に対する実証的な批判が本格的に始まっていた。マルゲラズ氏は、一九八〇年代に入ると、戦後復興期の経済政策史に関する研究を相次いで発表し、フランス経済史像の再検討を掲げるこのレヴィジョニスムの潮流に属する歴史家の一人として、わが国でも次第にその名を知られるようになっていった。博士論文をもとに、一九九一年に出版された二巻本の大著『国家、財政と経済：一つの転換の歴史、一九三二－五二年』（*L'Etat, les finances et l'économie: histoire d'une conversion, 1932-1952*）は大きな反響を呼び、これを機に氏は一躍一九五〇年代生まれの新世代を代表する現代史家としての地位を確立することになる。この著作は、R・F・キュイゼル等によって着手されていた、戦後の「近代化」を可能にした政策理念の「革新」に関する研究を発展させ、公文書を中心とする膨大な史料の渉猟にもとづいて、「経済行政機構、専門家とその政策実践、心性」という「三重」のレベルの転換が進行する過程を跡づけた。これはレヴィジョニストによる新しい現代フランス経済史像の一つの到達点を画する記念碑的労作となり、これによって「停滞」は過去のものとなった。

その後も氏の仕事は変化を遂げ、最近の仕事は、とくにヴィシー期の経済と企業活動、金融史、首都交通史の三つの分野に向けられているように見える。なかでも金融史については、一九九五年にフランス銀行「歴史部門」の創設に尽力して自らその責任者を務め、それを足場として大規模な銀行史関係の国際共同研究を組織するなど、ブーヴィエ、アラン・プレシ Alain Plessis に続く金融史研究の第一人者となった。本書第4章の注(1)に挙げられている第二次大戦期のフランス銀行と預金供託金庫に関する編著、さらに最近出版された中央銀行の比較史に関する編著(*Politiques et pratiques des banques d'émission en Europe*, dirigé par O. Feiertag et M. Margairaz, Albin Michel, 2003)は、金融史家としての氏の問題関心と力量を示すものである。

本書は、博士論文に結実したフランス資本主義と国家の活動の関連という長年の問題関心を示した部分(第1章・第2章)と首都交通、対独経済協力、金融史という最近の問題関心を示した部分(第3章~5章)の両方を含んでいる。その結果、本書は、全体として、氏の「二〇世紀前半のフランス資本主義論」の概要を表わす構成となり、氏の歴史家としての今日までの仕事の広がりと全体像を知る格好の一冊となったと言えよう。

第1章は、本書全体の総論にあたり、二〇世紀前半における国家と経済・社会の関連に焦点を置いて、比較史的な視点からフランスにおける国家の活動の特徴を議論している。

国家の役割の拡大は、両大戦間、とりわけ第二次大戦以後、欧米資本主義国に共通する歴史現象である。この世界史的プロセスの中で、フランス国家の活動の特徴をどのように捉えるべきか、また二〇世紀における国家の活動にたいしてコルベールに遡る国家介入の伝統はいかなる影響を与えているのか。こうした疑問に答えるために、国家の活動を三つに分類したうえで、それぞれの活動の具体的展開とその背景にある歴史的条件が要領よく説明されている。

第2章は、国家の活動の重要な一面を表す「公企業」について、第一次大戦前、両大戦間期、第二次大戦後の三つの時期に区分し、その発展の歴史を跡づけている。このテーマは、わが国でも公企業論の研究者を中心に比較的馴染み深いテーマである。また第一次大戦前まで公的コントロールの主要な形態であった営業認可制度についても、鉄道を中心に研究は多い。しかし営業認可制度を「共和主義」理念と関連づけて論じている点、短期、中期、長期という三重の時間に規定された歴史の接点に第二次大戦後の公企業（国有企業）の拡大を位置づける点、戦後のイギリスの国有化と比較してフランスの国有化を特徴づけている点などに、著者のオリジナリティを見ることができよう。

第3章は、一九世紀末から今日に至るパリの都市交通の歴史を扱っている。幹線鉄道の歴史に比較して、フランスでも都市交通の歴史研究は遅れている。マルゲラズ氏は、RATP（パリ地域交通公社）の歴史を中心に、早くから都市交通の実証研究に携わってきた数少ない歴史家の一人である。この章では、地下鉄の誕生から今日までの一世紀以上にわたるパリの公共交通の歴史が、たんなる制度史にとどまらず、経済状況、都市住民の社会的ニーズ、経営形態をめぐる政治的対立など、経済、社会、政治にかかわるさまざまな要因と結びつけて論じられており、ほとんど類書がないだけにきわめて貴重である。

第4章と第5章については、訳文の前に、扱われている問題の研究史と講演テキストの意義に関して、いくぶん詳しい解説をつけた。

マルゲラズ氏は、自他ともに認める「ブーヴィエ史学」の継承者である。その第一の魅力は、徹底した史料の渉猟にもとづいた「実証」的方法を重視しながら、同時に明晰な「分析」的手法を重視することによって、単なる歴史的事実の羅列に陥ることを拒否するところにある。本書の第4章の補論や第5章には、この特徴を垣間見ることができよう。講演テキストという制約から、他の章にはこのような特徴は明瞭ではないが、随所で比較（経済）史的な観点からフランス資本主義の特徴に言及している点などに、「分析的」方法の痕跡を見ることができよう。もう一つの特徴は、視野が狭義の経済史に限定されることなく、社会史、政治史を中心として歴史学の他の分野に開かれていることである。また歴史的事件の説明に際して、それが生起した時代を問題にする短期の視点だけでなく、中期・長期の視点を含めた「三重の時間性」を重視することも方法的特徴の一つである。これら二つの点も本書の全体を貫く特徴となっている。

マルゲラズ氏を招聘するに至った経緯について簡単に説明しておこう。発端は、訳者の二人が、独自に氏の招聘を考えていたことにある。フランス現代経済史を専攻する二人は、それぞれの専門の関係からマルゲラズ氏の仕事に注目するなかで、わが国ではあまり知られていない新世代の代表的現代史家である同氏を招聘したいという同じ思いを抱き、それぞれ別個に準備を進めていた。そこで両者で相談した結果、資金的により確実な前記センターの客員研究員として招聘することとし、廣田が招聘の実務や講演会の企画を担当することになった。また訳書の出版に際しては、こうした経緯と両者の専門を考慮して、共訳形式と両者の分担が決められた。訳文については、二人の間で最小限の訳語の統一を行ったが、責任は各自に属する。

最後に、各地の講演会の開催に協力された方々、とくに剣持久木氏（現在静岡県立大学国際学部）と原輝史氏（早稲田大学商学部）の両氏にこの場を借りてあらためて御礼申し上げたい。また前訳書（ロベール・フランク著『欧州統合史のダイナミズム』）に続いて、日本経済評論社の谷口京延氏は、とりわけ「最初の読者」として読み易い訳文にするための労を惜しまれなかった。記して感謝の意を表したい。

二〇〇三年一二月

訳者を代表して　廣田　功

【訳者紹介】

廣田　功（ひらた・いさお）

1944年愛知県生まれ．1974年東京大学大学院経済学研究科博士課程単位取得退学．現在，東京大学大学院経済学研究科教授．

主な業績：『現代フランスの史的形成――両大戦間期の経済と社会』（東京大学出版会，1994年），R. フランク『欧州統合史のダイナミズム――フランスとパートナー国』（訳書、日本経済評論社，2003年）ほか．

権上康男（ごんじょう・やすお）

1941年生まれ．1972年東京大学大学院経済学研究科単位取得退学．現在，横浜国立大学大学院国際社会科学研究科教授．

主な業績：*Banque coloniale ou banque d'affaires. La Banque de l'Indochine sous la IIIe République*, CHEFF, Paris 1993;『フランス資本主義と中央銀行――フランス銀行近代化の歴史』（東京大学出版会，1999年）ほか．

20世紀フランス資本主義史論――国家・経済・社会――

2004年4月15日　第1刷発行　定価（本体2500円＋税）

著者　ミッシェル・マルゲラズ

訳者　廣田　功
　　　権上康男

発行者　栗原哲也

発行所　株式会社　日本経済評論社

〒101-0051　東京都千代田区神田神保町3-2

電話 03-3230-1661　FAX 03-3265-2993

E-mail: nikkeihy@js7. so-net. ne. jp

URL : http : //www. nikkeihyo. co. jp

文昇堂印刷・山本製本所

装幀＊渡辺美知子

Printed in Japan

ISBN4-8188-1552-7